MELANIE RAABE
LADY GAGA

Melanie Raabe über LADY GAGA

KiWi MUSIKBIBLIOTHEK

Noch mehr Lesespaß mit der Playlist zum Buch:
www.kiwi-verlag.de/playlists

INTRO

Lady Gaga ist tot.

Dezember 2019. Ich befand mich mitten in einem Umzug und hatte mir den Tag freigenommen, um meinen Keller leer zu räumen, als ich die Nachricht erhielt. In wenigen Tagen würde mein vierter Roman erscheinen, und bis dahin wollte, bis dahin musste ich mit allem fertig sein. Ich stieg gerade die Treppen zu meiner Wohnung hinauf, als das Handy in meiner Jeans vibrierte. Die Nachricht kam von meinem Freund, und sie war so kurz wie niederschmetternd: »Lady Gaga ist tot.« Ich starrte die Buchstaben auf dem Display an, mein Herz pumpte wie wild, meine Gedanken rasten. *Lady Gaga ist tot.*

Noch während ich die letzten paar Stufen nahm, gingen mir tausend Dinge durch den Kopf. War es ein Unfall? *Car crash?* Flugzeugabsturz? Etwas anderes, Unwahrscheinlicheres? Herzinfarkt? Hirnschlag? Das kann auch jungen Menschen passieren, das hört man doch immer wieder. Und: Gaga ist krank, leidet unter chronischen Schmerzen, nimmt garantiert jede Menge Medikamente. Nein, Moment. Sie *nahm* jede Menge Medikamente. War es eine Überdosis? Oh Gott, war es am Ende Selbstmord? Gaga hat immer sehr offen über ihre psychischen Erkrankungen gesprochen, über die Depression, die *anxiety*, all das …

Ein Teil von mir nahm überrascht zur Kenntnis, wie geschockt, wie traurig ich war. Ich hatte sie nie verstanden, die Fans, die um Popstars trauerten wie um Freundinnen, um Freunde. So fühlte sich das also an. Da stirbt jemand, den du in vielerlei Hinsicht besser kennst als manche deiner Liebsten.

Ich jedenfalls weiß Dinge über Lady Gagas

Kindheit und ihre Beziehungen, über ihre Triumphe und ihre Niederlagen, ihre Traumata und ihre Träume, die ich noch nicht einmal von manchen meiner engsten Freundinnen weiß. Lady Gaga hat sich preisgegeben. In ihrer Kunst und weit darüber hinaus. Und ich war bei so vielem dabei. Ich habe nicht nur zugehört und zugesehen, ich habe mitgefühlt. Wie kalt müsste mein Herz sein, um sie nun nicht zu betrauern?

In meiner Wohnung entsperrte ich mein Handy, atemlos. Öffnete die Google-App, tippte »Lady Gaga« und klickte auf News. Ich erwartete einen medialen Sturm und fand: nichts. Ich wunderte mich, scrollte. Und dann stieß ich auf die folgende Schlagzeile: »Deutschlands schönste Kuh ›Lady Gaga‹ ist tot«.

Ich musste mich kurz setzen, durchatmen.

Ich verfluchte den morbiden Humor meines Freundes. Wie konnte er es wagen? Darüber machte man keine Witze! Gleichzeitig war ich unfassbar erleichtert. Und begriff mit einem Schlag, was Lady Gaga mir bedeutete. Für viele war Lady

Gaga schlicht die Queen des Disco-Pop, die vor allem durch verrückte Outfits auffiel. Doch für mich war sie so viel mehr.

JUST DANCE

Ich wünschte, ich könnte irgendeine biografische Parallele zwischen mir und Lady Gaga ziehen, aber ich finde keine. Stefani Joanne Angelina Germanotta wurde 1986 in New York City geboren (wo auch sonst?). Ich hingegen stamme aus dem Osten, bin Jahrgang 81 und verbrachte die ersten acht Jahre meines Lebens in einem winzigen Dorf in Thüringen.

Es war ein verwunschenes Dorf, und es umgab mich wie ein Kokon. Es war voller alter Magie, die Sorte, die nur Kinder wahrnehmen können. Es gab Häuser im Dorf, die nachts näher zusammenrückten, als würden sie sich vor der Dunkelheit fürchten. Kastanien, die ihre Zweige

neigten, damit wir Kinder leichter auf sie herauf-
klettern konnten. Pappeln am alten Sportplatz,
die manchmal die Plätze tauschten, wenn sie
sich unbeobachtet fühlten. Es gab Vögel – Blau-
meisen vor allem und Rotkehlchen –, die auf
meiner ausgestreckten Hand landeten und mir
Geschichten erzählten, und einmal, als ich während eines Gewitters nach Hause lief und ehrlich
gesagt ein bisschen Angst hatte bei all dem Blit-
zen und Krachen, begleitete mich ein Fuchs den
ganzen Weg lang und verschwand erst wieder irgendwo im Gebüsch, als ich sicher daheim an-
gekommen war. So eine Art von Dorf war das.
So zumindest habe ich es in Erinnerung. Kon-
takt zu Popmusik hatte ich kaum, aber einmal in
der Woche lief im Westfernsehen »Formel Eins«,
und als ich vielleicht vier oder fünf war, hatte ich
meine erste Lieblingsband. Zwei junge Männer,
die sich *Petschoabois* nannten, was ich merkwür-
dig und exotisch fand, damals aber nicht hinterfragte. Überhaupt hinterfragte ich wenig. Dass
ich ganz anders aussah als meine Freundinnen,

fiel mir nicht weiter auf. Tagsüber gab es Bäume, die darauf bestanden, ausgiebig von Kindern beklettert zu werden, und nachts gab es Träume, die geträumt werden wollten. Meine Träume in dieser Zeit waren Nacht für Nacht voller sprechender Tiere und freundlicher Feen.

Unmittelbar nach der Wende zogen wir in den Westen, und der Kokon, der mich so lange umgeben hatte, brach auf. Aber das war in Ordnung so, ich tauschte thüringisches Dorf gegen Kleinstadt in NRW, Kletterbäume gegen Spielplätze, Erdbeeren aus Omas Garten gegen Gummibärchen. Sozialismus gegen Kapitalismus. Alte Freundinnen gegen neue. Ich fand das alles in allem okay. In der Kleinstadt gab es Eis mit Kaugummi im Stiel, und am Ausgang meiner neuen Grundschule befand sich eine Rutsche, sodass man nach der letzten Stunde nicht die Treppen nehmen musste, sondern in die Freizeit schlittern konnte. So eine Kleinstadt war das. So zumindest habe ich es in Erinnerung.

Ich war ein sehr glückliches Kind und ein relativ unglücklicher Teenager, mit vielen Freundinnen, guten Noten und allerlei Nöten. Ich weiß nicht mehr, wie es kam, dass ich mich von einem echten Sonnenschein in eine menschliche Gewitterwolke verwandelte. Ich weiß nur, dass ich alles sein wollte, nur nicht ich selbst. Zu dieser Zeit hätte ich mit jedem tauschen mögen. Was für ein Unglück, dass ich ausgerechnet ich war! *Oh, the horror!* Vielleicht lag es wirklich einfach nur an der Pubertät, vielleicht ist die Antwort tatsächlich so banal, auf jeden Fall verwandelte ich mich in das ängstlichste und schüchternste Mädchen der Stadt. Mit dreizehn oder vierzehn war ich so scheu, dass ich aufhörte, mich in der Schule zu melden, aus Angst, etwas Dummes zu sagen. Wichtig war nur noch eines: So wenig wie möglich aufzufallen. Was gar nicht so leicht ist, wenn man die einzige Schwarze Person an der ganzen Schule ist. Aber ich nahm die Herausforderung an und machte mich so unsichtbar, wie ich nur konnte. Meine Jugend war eine Zeit ohne Magie, keine sprechenden Tiere, und ganz bestimmt keine guten Feen. Falls ich zu dieser Zeit überhaupt träumte, dann waren es vermutlich Albträume von hämischem Gelächter, von Schemen in nächtlichen Gassen, vom Fallen. Rückblickend war das alles nicht dramatisch. Nur normale *Teenage Angst*.

Und so ging es irgendwie weiter, Abitur, zu Hause ausziehen, studieren. Meine Schüchternheit zog mit. Drückte sich mit mir in Ecken herum und redete mir ein, dass Schweigen Gold sei. Ich saß in meinen Seminaren, schrieb mit und duckte mich, wenn mich der Blick eines Dozenten oder einer Professorin streifte. Während meiner ganzen Hochschullaufbahn meldete ich mich kein einziges Mal zu Wort. Ich schrieb lieber daheim an meinen Texten. Als Teenager hatte ich schlimme, weinerliche Gedichte geschrieben, mit Anfang zwanzig wagte ich mich erstmals ernsthaft an Prosa. (Die ich natürlich niemandem zeigte, ich war ja nicht verrückt.) Irgendwie schaffte ich es auch ohne mündliche Beteiligung, einen richtig guten Abschluss zu machen und ein richtig cooles Volontariat zu bekommen, also zog ich nach Köln, um Journalistin zu werden. Schon während diverser Praktika hatte ich gemerkt, dass dieser Job meinem Naturell entgegenkam. Dass ich zurückhaltend, aber aufmerksam und vor allen Dingen eine gute Zuhörerin bin, entpuppte sich plötzlich als Vorteil.

Ich hatte nun also einen Job. Und lief einfach weiter mit. Arbeiten, feiern gehen, die Musik hören, die alle hören, mitschwimmen, vorsichtig sein, bloß keinen sozialen Selbstmord begehen, bloß nicht auffallen.

Aber ist es nicht immer so? Die Schüchternen, die Ängstlichen verlieben sich in die Lauten und Mutigen. So ist es auch mit Gaga und mir.

Als sie 2008 ihren ersten Hit *Just Dance* landet, bin ich eine siebenundzwanzigjährige Lokaljournalistin. Meine frühen Zwanziger sind recht hübsch vor sich hingeplätschert, aber seit einer Weile sind die Dinge in Unordnung. Lange weiß ich nicht genau, was es ist. Im Grunde ist doch alles okay! Ich befinde mich in einer glücklichen Beziehung. Ich arbeite in dem Job, den ich mir ausgesucht habe. Und wenn man bedenkt, dass ich mir die allergrößte Mühe gebe, bloß nicht aufzufallen und möglichst niemals etwas zu tun, was die Aufmerksamkeit auf mich lenken könnte, führe ich doch ein recht interessantes Leben. Und ich habe verdammt großartige Freundinnen und Freunde. Dennoch ist etwas ganz und gar nicht in Ordnung. Es dauert eine Weile, bis ich den Gedanken isoliert habe, der mich plagt. Der sich im Laufe der letzten Jahre eingeschlichen hat und keine Ruhe mehr gibt. Ich weiß nicht, wo er herkommt, aber er kreist in meinem Kopf wie ein giftiges Mantra: *Soll das schon alles sein?*

Siebenundzwanzig, das ist ein geradezu mythisches Alter für mich. Was vor allem am *Club 27* liegt. Ich weiß nicht mehr, wann ich zum ersten Mal davon las, aber »Club 27« ist die morbide Bezeichnung für eine Gruppe einflussreicher Künstlerinnen und Künstler, die alle mit nur siebenundzwanzig Jahren starben. Janis Joplin, Jim Morrison und Jimi Hendrix beispielsweise. Oder Jean-Michel Basquiat. Oder Kurt Cobain und die wunderbare Amy Winehouse. Dass diese Menschen alles, was sie jemals kreiert haben, erschaffen haben, bevor sie auch nur achtundzwanzig Jahre alt geworden waren, fand ich bestürzend. Und natürlich fing ich an, Vergleiche zu meinem eigenen Leben zu ziehen und mir all der verschwendeten Zeit schmerzlich bewusst zu werden: Basquiat und Co haben in so jungen Jahren so vieles von Wert erschaffen. Und ich habe noch nicht einmal damit begonnen.

Zugegeben, ich schreibe seit Jahren ziemlich ernsthaft. Mir ist inzwischen klar, dass mich nichts so sehr reizt wie das Romanschreiben. Vor der Arbeit setze ich mich jeden Morgen bei den ersten zwei, drei, vier Tassen Kaffee an mein altes, klobiges Laptop und arbeite an meinem Manuskript, während draußen die Stadt erwacht. Ich liebe diese Arbeit, sie verschafft mir stets den schönsten Start in den Tag.

Tatsächlich hatte ich irgendwann sogar all meinen Mut zusammengenommen und mein erstes fertiges Romanmanuskript an ein paar Verlage geschickt. Ich war natürlich enttäuscht, als mir jeder einzelne davon absagte. Nur: Hatte ich wirklich erwartet, dass das klappt? Einfach so? Natürlich nicht. Ich redete mir gut zu. Im Grunde war doch alles okay so, wie es war. Meine literarischen Texte waren doch ein super Hobby. Wieso sollte das nicht reichen?

Lady Gaga nehme ich zunächst nur aus dem Augenwinkel wahr. Ich mag *Just Dance*, habe einen Dauerohrwurm von *Poker Face* und bin fasziniert vom Musikvideo zu *Paparazzi*, das – kurz zusammengefasst – zeigt, wie eine als Minnie Mouse verkleidete Gaga ihren Lover über die Wupper schickt. (Oder über den Hudson.) Das alles mag ich irgendwie. Das ist es zunächst aber auch. Schließlich bin ich ein Indiemädchen, ich höre keinen Discopop. Höchstens betrunken im Club.

Dennoch bin ich verunsichert. Meine Persönlichkeit, meine Präferenzen ändern sich in letzter Zeit schneller und stärker, als ich es je für möglich gehalten hatte. War ich mir nicht kürzlich noch sicher, dass ich als Journalistin Karriere machen will? Das scheint mir plötzlich überhaupt nicht mehr attraktiv. Aber was soll ich stattdessen machen? Schriftstellerin zu werden, ist der Traum. Aber er kommt mir unrealistisch, dumm, sogar absurd vor. Und das ist er ja auch. Die Standardabsagen, die sich auf meinem Schreibtisch stapeln, sprechen eine klare Sprache. Ich denke mir: Hey, du hast es versucht. Du hast deinen Roman geschrieben, du hast deinen Roman in die Welt hinausgeschickt – und er hat es nicht gepackt. Niemand kann dir vorwerfen, dass du es nicht versucht hättest. Noch nicht einmal du selbst.

Das stimmt, denke ich. Das ist traurig und wahr. Also mache ich so weiter wie immer. Wenn man mich fragt, wie es mir geht, sage ich: fantastisch. Alle glauben mir. *P-p-p-poker face, p-p-poker face.*

Eine Weile lang funktioniert das alles ganz gut, doch dann kehrt der Gedanke zurück.

Soll das schon alles sein?

Ich fühle mich eigenartig, meine Haut spannt. Ich brauche eine Weile, bis ich begreife, dass das Wachstumsschmerzen sind. Ich weiß nicht mehr, ob meine Gedanken über den »Club 27« etwas in mir ausgelöst haben, oder ob der Anlass ein anderer war. Aber so sehr ich es auch versuche, plötzlich bin ich mit dem, was ist, nicht mehr zufrieden. Mein Schneckenhaus ist mir zu klein geworden. Ich muss da raus.

Soll das schon alles sein?

Nein, denke ich. *Soll es nicht.*

Und das ist dann auch in etwa die Zeit, in der ich Lady Gaga zum ersten Mal einen ihrer Songs solo am Piano performen höre. Ich staune. Das Plastikpop-Mädchen kann singen! Und Klavier spielen! Und wie! Als ich zum ersten Mal die A-capella-Versionen ihrer Songs höre, verliebe ich mich. Auf der Stelle.

Und wie das so ist, wenn man frisch verliebt ist: Plötzlich will man alles über den anderen wissen. Ich lese Porträts und Interviews, schaue Videos und Konzertmitschnitte. Und ich höre Lady Gagas Debüt *The Fame* plötzlich rauf und runter. Oft gar nicht so sehr des Sounds wegen, sondern für das Gefühl. Das Gefühl, dass sich da jemand was traut. Dass da jemand was will, und zwar unbedingt. Das introvertierte Indiemädchen hört überdrehten Plastikpop. Es ist wie ein Glitch in der Matrix, wie ein Hinweis darauf, dass alles auch ganz anders sein könnte. Gefühle sind ansteckend. Mut ist ansteckend. *Social contagion* durch Musik. Lady Gaga kommt für mich genau zur richtigen Zeit.

Ich muss ehrlich mit mir sein, denke ich, während ich in meiner Wohnung im Belgischen Viertel sitze. Vielleicht ist das ein Anfang. Die Wahrheit ist: Ich brenne darauf, mich aus meinem Schneckenhaus herauszuwagen und etwas zu veröffentlichen. Vielleicht wollte ich das schon immer, vielleicht habe ich nur sehr, sehr lange und sehr, sehr hartnäckig versucht, diesen Wunsch zu ignorieren.

Okay, ich habe schon einmal ein Manuskript an ein paar Verlage geschickt. Aber wenn ich wirklich ehrlich zu mir bin, dann war das ein bestenfalls halbherziger Versuch, und wahrscheinlich wollte ich gar nicht wirklich, dass er glückt.

Ich entscheide mich, weiter an meinen literarischen Texten zu arbeiten und sie irgendwann, wenn die Zeit reif ist, erneut anzubieten. Ich erzähle nur meinem Freund von meinen Plänen, niemandem sonst. Ich will nicht, dass meine Freundinnen und Kollegen mich für größenwahnsinnig halten. Ich komme auch gar nicht auf die Idee, bei einer Lesebühne oder in einem der Literaturcafés meiner Stadt mal einen Text vorzutragen. So weit bin ich noch nicht. Ich arbeite an mir, gebe mir Mühe, besser zu werden, und versuche, mir ansonsten nicht so viele Gedanken zu machen. Ich gehe zur Arbeit und zu Partys, und ich schreibe. Tagsüber für Geld und nachts für mich.

Es muss irgendwann in diesem Zeitraum gewesen sein, dass das Träumen wieder zu mir fand. Ich erinnere mich noch genau an diesen ersten Traum seit langer Zeit.

Ich befinde mich auf dem Dach eines Hochhauses, und das Hochhaus brennt. Ich bin alleine. Stehe an einer Reling und blicke in die Tiefe. Unter mir – da ganz unten – stehen Menschen. Passanten, Schaulustige und die Feuerwehr, die ein Tuch aufgespannt hat, in das ich springen soll. Blaulicht erhellt die Szenerie, Absperrband flattert im Wind. Ich fürchte mich. Ich weiß, dass ich springen muss, aber ich weiß auch, dass ich den

Sprung nicht überleben werde. Und dann drehe ich mich um, und plötzlich brüllt niemand mehr, dass ich springen soll, die Sirenen werden leiser, scheinen von weiter her zu kommen, und da ist auf einmal jemand bei mir. Im ersten Moment halte ich die Gestalt, die vor mir steht, für die freundliche Fee aus den Träumen meiner Kindheit, denn sie sieht ihr sehr, sehr ähnlich. Auch wenn meine alte Fee wesentlich züchtiger gekleidet war. Diese hier hat platinblondes Haar. Darauf, Kleider zu tragen, hat sie verzichtet und sich stattdessen gelb-schwarzes Absperrband um den Körper gewickelt – wie in ihrem Musikvideo zu *Telephone*, das sie mit Beyoncé gedreht hat. Das erkenne ich als Fan sogar im Schlaf.

»Hi«, sage ich.

»Hey Girl«, sagt Gaga.

»Ich mag dein Outfit.«

Sie grinst und wirft einen Blick in die Tiefe, wo sich immer noch Feuerwehrleute und Schaulustige tummeln, nestelt gedankenverloren an dem Absperrband, das ihre Brüste bedeckt.

»Seemed appropriate«, sagt sie. »You're causing quite the scene.«

»Ich habe keine Ahnung, wie ich hier raufgekommen bin«, sage ich. »Oder wie ich hier wieder runterkomme.«

»That's easy«, sagt sie fröhlich. »You jump!«

Ich wundere mich, dass sie mich versteht, ich wusste nicht, dass sie Deutsch spricht. Ich sage aber nichts.

Gaga lächelt, als wäre sie in der Lage, meine Gedanken zu lesen.

»I don't speak German, but I can if you like.«

»Wirklich?«

»Natürlich. Ich spreche jede Sprache dieser Erde. Zumindest in Träumen. Wir können uns auch auf Xhosa unterhalten«, sagt sie. »Ich liebe Xhosa.«

»Deutsch ist schon okay«, sage ich. »Aber sag, was machst du hier?«

Sie zuckt mit den Schultern.

»Ich habe gemerkt, dass du Angst hast, also dachte ich, ich schau kurz nach dir. Sage dir, dass alles in Ordnung ist.«

Ich runzle die Stirn.

»Überhaupt nichts ist in Ordnung«, sage ich. »Ich –«

»Shhh«, unterbricht mich Gaga und legt einen Finger auf ihre Lippen. »Ich hab was für dich.«

Sie drückt mir etwas in die Hand. Eine dieser bunten Plastikkugeln, die es früher in Kaugummiautomaten gab und die billige Ringe und anderen Kitsch enthielten.

»Mach sie auf«, sagt Gaga.

Ich öffne die pinke Plastikkapsel, und ein kunterbuntes Paillettenkleidchen fällt zu Boden.

»Wie hast du das gemacht?«, frage ich, doch Gaga lächelt nur ihr enigmatisches Lächeln, während ich das Kleid vom Boden aufhebe.

»Was soll ich damit?«

»Es gehört dir.«

Ich halte das Kleid von mir weg. Es ist winzig. Eher ein Top als ein Kleid. So was trage ich nicht. In so etwas kann man nicht *nicht* auffallen. Gaga stößt ein kleines Lachen aus.

»You're a free woman«, sagt sie. »Vergiss das nicht.«

Ich habe keine Ahnung, was das bedeuten soll, und ich schätze, das sieht man mir an.

»Eines Tages, wenn du ein bisschen älter bist, wirst du verstehen«, sagt Gaga.

»Ey, ich bin fünf Jahre älter als du«, protestiere ich.

Wieder muss sie lachen.

»Du bist wirklich perfekt«, sagt sie.

Ich schnaube.

»Ich bin bald Ende zwanzig und habe nicht die geringste Ahnung, was ich mit meinem Leben machen soll«, sage ich.

Sie lächelt.

»Eben«, flüstert sie. »Perfekt.«

Sie wendet sich zum Gehen, während die Feuerwehrsirenen wieder lauter werden. So sehr ich diese Frau auch vergöttere, jetzt bin ich doch ein bisschen genervt. Es ist ja lieb, dass sie mir ein untragbares Kleid schenkt, aber wirklich hilfreich war das nicht.

»Also, falls du irgendeinen Tipp für mich hast, wäre jetzt ein guter Moment«, sage ich.

Sie hält inne, scheint zu überlegen. Kommt erneut auf mich zu, beugt sich zu mir herab, mit ihren absurd hohen Plateauschuhen überragt sie mich bei Weitem. Ihr Haar kitzelt meine Wange, als sie mir etwas ins Ohr wispert. Dann ist sie verschwunden.

Als ich erwache, habe ich ihre Worte noch im Ohr.

»Just Dance«, hat sie gesagt.

Die Plastikkugel, die sie mir geschenkt hat, befindet sich noch in meiner Hand. Und als ich mich aufsetze, entdecke ich auch das bunte Paillettenkleidchen, das neben meinem Bett auf dem Fußboden liegt.

In den nächsten Monaten und Jahren folge ich Gagas Rat, so oft ich nur kann. Ich springe. Ich höre auf, mich zu verstecken. Und ich gehe tanzen, in billigen High Heels und meinem kunterbunten, viel zu kurzen Paillettenkleid.

Ich schreibe an einem weiteren Roman, und ich blogge ein bisschen auf MySpace, einem der aufregendsten Orte im Internet überhaupt. Denn mein Blog – ein Sammelsurium aus mal ernsten, mal lustigen, meistens ziemlich bescheuerten Texten – wird gelesen. Nicht von vielen Menschen. Von meinen Freundinnen und Freunden und ein paar freundlichen Fremden. Aber das ist zu dieser Zeit mehr als genug für mich. Eines Tages schreibt mir ein freundlicher Fremder über MySpace, dass er den Ton meines Blogs mag und sich freuen würde, wenn ich Lust hätte, ihm ein Theaterstück zu schreiben. Er habe da diese kleine, freie Theatertruppe in Leipzig …

2009, während Gaga ihre EP *The Fame Monster* herausbringt und die zugehörige Single *Bad Romance* überall – auch bei mir – rauf und runter läuft, stehe ich jeden Morgen sehr, sehr früh auf, um, bevor ich in die Redaktion muss, in der ich arbeite, an meinem Theaterstück zu schreiben.

Das Stück, eigentlich als Monolog geplant, dreht sich um die siebenundzwanzigjährige Grafikdesignerin Jackie, die Besuch von ihrem Freund und ihren Schwiegereltern erwartet. Jackie ist eigentlich ein ganz nettes Mädel – ein bisschen unsicher vielleicht –, aber ihre Mitbewohner sind ein Albtraum. Da ist zum einen Bruce, Jackies Minderwertigkeitskomplex. Und da ist Cassandra, genannt Cassie, Jackies Paranoia. Während meine Protagonistin hektisch versucht, ihre Wohnung auf Vordermann zu bringen und Essen zuzubereiten, bevor ihre Gäste auf der Matte stehen, übernehmen Bruce und Cassie nach und nach das Kommando und stiften Chaos. Das Stück heißt »Der Neurosenkrieg«, und viel mehr muss man nicht wissen über den Text (oder über mich). Ich nenne es im Begleittext, den ich an den Regisseur schicke, eine »Psycho-Komödie rund um Identität, Erwachsenwerden und den Mut, man selbst zu sein« – alles Dinge, von denen ich nicht viel verstehe. Ich fürchte, dass mein Stück nicht sonderlich gut ist. Aber es ist ein sehr ehrlicher Text, dem ich alles gegeben habe, was ich in dem Moment in mir hatte, und darauf bin ich stolz.

Während in Leipzig mein Theaterstück geprobt wird, arbeite ich weiter an meinem zweiten Manuskript. Inzwischen habe ich einen Literaturagenten, der den Text, der da gerade entsteht, liebt. Ich liebe diesen Text auch, er ist das Beste und Originellste, was ich je schreiben werde, da bin ich mir sicher. Inzwischen bin ich als freie Journalistin unterwegs, und ich gebe mir immer häufiger komplette Tage »frei«, um an meinem Manuskript zu arbeiten, statt journalistische Texte zu produzieren. Die Arbeit erfüllt mich, manchmal verliere ich halbe Tage an meinen Schreibrausch, fühle keinen Hunger, keinen Durst, merke gar nicht, wie die Zeit dahingeht. Das Romanschreiben übernimmt mein Leben, und gleichzeitig habe ich viel zu wenig Zeit dafür. Ich muss verdammt viele kleine Artikel schreiben, um mir die Wohnung im Belgischen Viertel leisten zu können, in der ich aktuell wohne. Vielleicht sollte ich noch weniger Jobs annehmen. Mir Mühe geben, mit noch weniger Geld klarzukommen, und dafür mehr Zeit zum Romaneschreiben zu haben. Vielleicht.

Ich denke an das, was Gaga mir gesagt hat. Und ich springe.

Im Gegensatz zu mir hat Gaga *immer* geträumt. Und sie wusste schon früh, wer sie war. Sie ist eine Art Wunderkind, das mit vier Jahren Klavier spielen lernte und schon in sehr jungen Jahren Songs komponierte. Als Teenager trat sie bei Open-Mic-Veranstaltungen auf, wirkte an ihrer Highschool in Musicals mit und studierte Schauspiel am berühmten *Lee Strasberg Theatre and Film Institute*, ging – recht erfolglos – zu Castings. Diese Dinge tut man, wenn man sehr ernsthaft vorhat, ein Star zu werden. Schließlich wurde sie in ein Programm der renommierten New Yorker Musikschule *Tisch School of the Arts* aufgenommen – obwohl sie das offiziell erforderliche Alter für eine Zulassung noch nicht erreicht hatte. Da war sie siebzehn. Als *ich* siebzehn war, tat ich genau drei Dinge: mit meinen Freundinnen abhängen, für die Schule lernen und mir den Kopf darüber zerbrechen, was andere von mir denken könnten – mit einem starken Fokus auf Letzterem.

Nicht so Stefani Germanotta. In ihrem zweiten Jahr an der *Tisch* schmiss sie die Schule auch schon wieder, um sich komplett auf ihre Musikkarriere zu konzentrieren. Kurz: um ein Popstar zu werden. Sie sang in winzigen Locations, überall, wo man sie auftreten ließ. Online kursiert ein hinreißendes Video, in dem ein brünetter Teenager – achtzehn oder neunzehn Jahre alt – an einem Keyboard sitzt und singt. Und dieses junge Mädchen sieht aus wie jemand, dem man, begegnete man ihm auf der Straße, keine große Beachtung schenken würde. Aber es klingt und gebärdet sich wie ein Superstar. Es klingt und gebärdet sich wie Lady Gaga.

Und über allerlei Umwege ist sie dann ja auch

einer geworden – ein veritabler Star. Als ihr erster Hit rauskam, war sie gerade mal zweiundzwanzig. Danach folgte einer auf den anderen. Hit auf Hit. Ihr Debütalbum *The Fame* ist voll davon.

BORN THIS WAY

Die Dinge haben sich verschoben. Ich bin gerade von meiner kleinen Wohnung im Belgischen Viertel, auf die ich so stolz war, in eine Fünfer-WG in Köln-Ehrenfeld gezogen. Die Miete ist viel niedriger als die für meine alte Wohnung, ich muss viel weniger Texte auf Zeile schreiben, um finanziell klarzukommen, und habe dementsprechend mehr Zeit für meine eigenen Texte, aber ich bin unglücklich.

Ich verabscheue das WG-Leben. Und weiß schon bald nicht mehr genau, weshalb ich überhaupt beschlossen habe, mir das anzutun. Glaubte ich vielleicht, dass man in ordentlichem Maße leiden muss, um jemals eine ernst zu nehmende Künstlerin werden zu können? Oder war es wirklich lediglich die Geldnot? Vielleicht war es eine Mischung aus beidem, die mich dazu brachte, meine Wohnung zu kündigen und mit fast dreißig in ein winziges WG-Zimmer zu ziehen. Fest steht nur: Ich hasse es, in einer WG zu leben. Ich lebe mit zwei Frauen und zwei Männern zusammen, und die beiden Frauen und Typ Nummer eins mag ich, aber da ist auch noch dieser andere Mitbewohner, der mich verabscheut, und den ich verabscheue. Und das nicht erst, seit er die kleine Maus, die manchmal durch die WG-Küche zu huschen pflegte, mit einem Schuh erschlagen hat.

Ich hasse erst nur diesen Mitbewohner, aber irgendwann hasse ich das ganze Haus. Bald fliehe ich, so oft ich kann, verbringe so viel Zeit wie möglich bei meinem Freund. Jeder Ort ist okay, solange ich nicht in der WG sein muss. Eines Morgens komme ich, nachdem ich die Nacht anderswo verbracht habe, in mein WG-Zimmer zurück und finde ein scharfkantiges Stück Putz in

der Größe einer Vinylplatte auf meinem Kopfkissen. Es muss sich im Laufe der Nacht von der
Decke gelöst haben. Die Risse hatte ich zuvor
längst bemerkt, korallenartig. Ich habe sie oft an-
gestarrt, während ich im Bett lag und nicht schlafen konnte. Habe ihnen dabei zugesehen, wie sie
sich langsam ausbreiteten. Und mir viel zu wenig
dabei gedacht.

Ich wiege das Stück Putz, das da auf meinem
Kopfkissen liegt, in der Hand, stelle fest, dass es
unerwartet schwer ist. Begreife, dass ich genau
die richtige Nacht außer Haus verbracht habe.

Die Tatsache, dass der Putz über dem Kopf-
ende meines Bettes heruntergekommen war,
schreibe ich später dem generell erbärmlichen
Zustand des Hauses zu. Aber in diesem Moment,
das Stück Putz in der Hand, bin ich mir sicher,
dass das Haus versucht, mich umzubringen.

Aber die WG hat auch Vorteile. Einer ist das neue
Viertel, in dem ich nun lebe. Ehrenfeld brummt.
Man spürt, dass die Gentrifizierung in vollem

Gange ist, aber noch sind die Mieten relativ erschwinglich, und viele meiner Freundinnen und Freunde wohnen zu dieser Zeit nur ein paar Straßen entfernt.

Lukas zum Beispiel. Wir kennen uns aus der Kleinstadt, aus der wir beide kommen. Als ich Mitte zwanzig war, haben wir in unserem schnuckeligen Kleinstadttheater gemeinsam an einem Theaterstück mitgewirkt, in dem wir ein Pärchen spielten, das einen Pizzaboten ersticht und Psychospielchen mit einem Ehepaar spielt, das es zum Essen eingeladen hat. Der Regisseur konnte uns nicht ausstehen und quälte uns mit allerlei verrückten Forderungen – so etwas verbindet. Und so fingen wir an, auch jenseits der Proben Zeit miteinander zu verbringen.

Während ich in der WG lebe, treffen Lukas und ich uns ständig. Am liebsten spät abends mit billigem Wein und Snacks im Waschsalon an der Ecke, während unsere Unterwäsche und unsere T-Shirts sich im Trockner drehen.

Zu dieser Zeit, 2011, erscheint *Born This Way*, Gagas vielleicht ikonischste Single überhaupt.

Born This Way ist die seltene Art von Song, die bei manchen Menschen einen Schalter umlegt. Das Lied dreht sich um Freiheit und (Selbst-) Akzeptanz. Um Glück und Erfüllung für alle, unabhängig von Hautfarbe, Gender oder sonst was. Ich feiere *Born This Way* mit Lukas – einem der ganz wenigen in meinem Umfeld, die meine Liebe zu Gaga begreifen und teilen.

Eine spannende Zeit für die Popkultur – und für mich. Schwer zu sagen, woran es liegt, aber die Dinge entwickeln sich. Während ich Lady Gaga dabei zusehe, wie sie seltsam und mutig und bisweilen skandalös ist, werde ich selber ein bisschen mutiger. Schließlich beende ich meinen zweiten Roman über eine Gruppe von Außenseiterinnen und nenne ihn »Die Hässlichen«. Ich bin stolz auf ihn. Ich glaube an ihn. Ich zeige ihn Leuten, ich hole Meinungen ein. Ich traue mich. Mir ist klar geworden, dass ich es versuchen muss, ernsthaft dieses Mal, mit aller Kraft dieses Mal, weil ich es sonst bereuen werde. Ich muss versuchen, Schriftstellerin zu werden. Inzwischen arbeite ich in jeder freien Minute daran. (Es sei denn, ich bin gerade tanzen.) Während ich schreibe und erste Lesungen plane (und verwerfe), beginnt Lukas, mit Drag zu experimentieren. Ich helfe aus mit falschen Wimpern und billigen Accessoires.

Lukas und ich lieben die Kölner Clubs, aber wir haben auch eine Schwäche für Hauspartys und für *Camp*, also erfinden wir unsere eigene kleine private Partyreihe. Wir nennen sie »Die Goldene Mandy«. Eine »Mandy« ist eine Mischung aus Hausparty und Awards Show für abgehalfterte D-Promis – so muss man sich das vorstellen. Eine Art *VMAs gone wrong*. Es gibt gute Musik (Lady Gaga), billigen Wodka und noch billigeren Prosecco, und alle sind dazu angehalten, ihre schrillsten Klamotten auszuführen. Wir laden all unsere Freundinnen und Freunde ein und fangen an, unsere Outfits zu planen. Dass meines eine Hommage an Lady Gaga sein wird, ist keine Frage, und ich gehe im Kopf all ihre besten Looks durch. Das *meat dress* kommt nicht infrage, ich esse kein Fleisch mehr, seit ich dreizehn bin. Aber ich habe eine andere Idee. Einer der frühen Lady-Gaga-Looks, der mir im Gedächtnis geblieben ist, stammt aus dem Musikvideo für den Song *Telephone*, den Gaga gemeinsam mit Beyoncé performt. In einer bestimmten Sequenz hat Gaga sich Coca-Cola-Dosen wie Lockenwickler in die Haare gedreht. Meine Haare sind zu kurz dafür, also weiche ich auf eine schmalere Red-Bull-Dose aus. Ich trage dazu einen schwarzen Body im Latex-Look, den ich für ein paar Euro auf eBay gekauft habe. Auf billigen High Heels und ohne Hosen – also im typischen frühen Gaga-Look – stolziere ich zu Lukas' Party. Wir tanzen und lipsynchen, irgendwann lande ich aus Gründen, die sich mir später nicht mehr erschließen, in der Badewanne, und es ist wirklich ein großes, großes Glück, dass Handykameras zu dieser Zeit noch die Ausnahme sind, sodass von diesem

Abend nur ein paar wacklige, mit einer Digital-kamera geschossene Fotos existieren.

Im Laufe der nächsten Zeit wird ein Satz zwischen Lukas und mir zum geflügelten Wort. Wenn es mal nicht läuft, wenn die Dinge zu ernst werden oder das Leben zu hart, wird ihn früher oder später einer von uns aussprechen: »Ich glaube, es ist mal wieder an der Zeit für eine *Mandy*.«

Und genau so ist 2011 für mich: Ich schreibe, ich tanze, ich trinke, ich schlafe zu wenig, ich bin pleite und abgesehen von meiner Wohnsituation eigentlich ganz glücklich. Die deutsche Politik plätschert so vor sich hin, im Weißen Haus sitzt Barack Obama, immer noch in seiner ersten Amtszeit, der Arabische Frühling dauert an. Es fühlt sich für einen kurzen Moment so an, als werde alles, wirklich alles graduell immer besser.

Ich bin inzwischen besessen von Lady Gaga. Ich lese alles über sie, was ich in die Finger bekommen kann. Mit Lady Gaga ist es ein bisschen so wie mit Beuys. Je mehr man sich mit ihr befasst, desto interessanter wird sie. Desto weniger verspürt man den Drang, sie zu belächeln.

Ich liebe ihre Stimme. Sie klingt von Jahr zu Jahr besser, und sie klang schon fantastisch, als sie noch zweiundzwanzig war.

Ich liebe es, dass sie ihre eigenen Songs schreibt. Die Tatsache, dass es Menschen gibt, die in der Lage sind, Melodien aus dem Äther zu fischen, hat mich völlig unmusikalisches Wesen immer fasziniert. Und Gaga schreibt großartige Songs, die schon beim ersten Hören ins Ohr gehen. Wenn sie ein Mann wäre, würde man sie vermutlich ein Genie nennen – wie Kanye West. Aber sie ist eine Frau, also nennt man sie einen exzentrischen Popstar.

Ich liebe die Tatsache, dass sie freundlich ist. Großzügig. Verwundbar. Und emotional. Dass sie ständig weinen muss. Dass sie eine Menschenfreundin ist. Dass sie nicht vor Kitsch zurückschreckt. Dass sie Zynismus ablehnt.

Ich liebe, dass sie bisweilen im Camp badet, dass so vieles von dem, was sie tut, an der Grenze zur Lächerlichkeit entlangschrammt, dass sie im Grunde aber immer alles ernst meint.

Es ist 2011, ich bin dreißig Jahre alt, und ich habe Zynismus und Ironie so dermaßen satt.

Und noch etwas liebe ich an Gaga. Ich liebe die Tatsache, dass sie sich selbst erfunden hat. Sie wurde als brünettes Mädchen namens Stefani geboren, das gerne Klavier spielte und an seiner New Yorker Privatschule gehänselt wurde. Aber irgendwann hat sie begriffen, dass sie selbst entscheiden kann, wer sie sein möchte – und ist Lady Gaga geworden. Die Erkenntnis, dass das möglich ist, dass es nicht die anderen sind, die uns definieren, sondern wir selbst, schlägt bei mir ein wie ein Blitz. Als ich das einmal verstanden habe, ist mit einem Schlag alles anders. Der Gedanke ist einfach plötzlich da, komplett ausgeformt: Ich bin einem ganz gewaltigen Irrtum aufgesessen! Es stimmt nicht, was man sagt. Wir müssen uns nicht finden. Wir können uns *er*finden!

Irgendwo zwischen WG und Waschsalon, Zeitungsredaktion und Club entscheide ich, mich *komplett* neu zu erfinden. Als etwas, was ich vor zwei, drei Jahren noch belächelt hätte. Als etwas, das meine Familie und ein großer Teil meines Umfeldes vielleicht absurd, mindestens aber prätentiös finden dürfte. Als etwas, von dem ich immer glaubte, dass nur die anderen es sein können – die Talentierten, die Besonderen, die Auserwählten. Ich erfinde mich neu – als Künstlerin.

Und ich begreife zu dieser Zeit noch etwas: Ich bin längst Schriftstellerin. Ich tue kaum je etwas anderes, als zu schreiben. Ich muss nicht darauf warten, dass ein Verlag mich legitimiert. Und für die meisten Menschen wäre das sicherlich keine neue Erkenntnis. Aber für das einst schüchternste und ängstlichste und angepassteste Mädchen der Stadt ist es ein Quantensprung.

Als dann jedoch auch »Die Hässlichen«, mein zweiter Roman, an den ich geglaubt habe wie eine Nonne an den Katholizismus, bei allen Verlagen, denen mein Agent das Manuskript angeboten hat, durchfällt, bin ich untröstlich. Was, wenn ich einfach nicht gut genug bin? Vielleicht, denke ich, bin ich auf der falschen Fährte. Vielleicht hätte ich den Job beim Magazin behalten sollen. Dann wäre ich jetzt nicht pleite. Dann würde ich nicht mit dreißig in dieser fürchterlichen WG wohnen, mit einem Mitbewohner, der kleine Spitzmäuse erschlägt, in einem Haus, das versucht, mich zu töten, so, als befände ich mich in einem gottverdammten Stephen-King-Roman.

Ich schlafe nicht mehr gut in meinem WG-Zimmer zu dieser Zeit, aber wenn ich schlafe, dann träume ich. Und an einen dieser Träume erinnere ich mich noch genau:

Ich stehe auf einer Bühne, das Scheinwerferlicht blendet mich. Ich sehe nichts, aber ich höre leises Gemurmel, da müssen Hunderte von Menschen sein im Zuschauerraum. Ich bewege mich aus dem Scheinwerferlicht heraus, um etwas sehen zu können, trete an die Rampe, und stelle fest, dass der Zuschauerraum leer ist. »Seltsam«, denke ich – da taucht sie plötzlich neben mir auf. Gaga sitzt am Rand der Bühne und lässt die Beine baumeln. Dieses Mal sieht sie nicht so sehr aus wie eine gute Fee, sondern wie eine Mischung aus Virgin Queen und Dame Edna in ihrem ausladenden Kleid. Ich setze mich neben sie.

»Hey, Gaga«, sage ich. »Lange nicht gesehen.«

»Ich weiß«, antwortet sie. »Tut mir leid. Hektische Zeiten. Also, sag, wie geht's dir?«

»Ach, ich weiß auch nicht«, sage ich. »Ich habe dieses Buch geschrieben und meine ganze Seele reingepackt. Wirklich alles. Alles, alles, alles. Und keiner will es haben.«

»Scheiße«, sagt Gaga, und das trifft es ganz gut.

»Ich mache mir Sorgen«, sage ich.

»Tust du das nicht immer?«

Touché.

»Was, wenn ich mir die ganze Zeit nur etwas vormache?«, sage ich. »Was, wenn ich auf der völlig falschen Fährte bin? Was, wenn es ein Fehler war, meinen Job aufzugeben, um Schriftstellerin zu werden? Ich mochte meinen Job!«

»Aber du hast ihn nicht geliebt«, sagt Gaga heiter. »It wasn't love.«

»Aber –«

»It wasn't love«, fährt Gaga unbeirrt fort. »It was a perfect illusion.«

»Ich habe keine Ahnung, wovon du redest.«

»Eines Tages, wenn du ein bisschen älter bist, wirst du verstehen.«

Jetzt geht das wieder los, denke ich, sage aber nichts. Gaga summt etwas vor sich hin, ich kenne die Melodie nicht, aber ich mag sie.

»Und was mache ich jetzt?«, frage ich schließlich.

Sie überlegt.

»Was dein Herz dir sagt, schätze ich.«

Fast muss ich ein bisschen schmunzeln. Wer bitte redet so? Dann fällt mir wieder ein, mit wem ich hier spreche, und ich reiße mich zusammen. Gaga mustert mich.

»Liebst du, was du tust?«

»Natürlich liebe ich es, zu schreiben.«

Und da ist es wieder, ihr berühmtes Lächeln.

»Na bitte. You're on the right track, baby. Hör auf, dir so viele Sorgen zu machen. Hier!«

Sie hält mir eine weitere bunte Plastikkugel hin, keine Ahnung, wo sie die schon wieder hervorgezaubert hat. Ich öffne sie, und zu Boden fällt das letzte Kleidungsstück, das ich Lady Gaga zugetraut hätte.

»Ein schwarzer Blazer?«, frage ich.

»Darin wirst du aussehen wie eine *richtige* Autorin«, sagt sie. »Was auch immer das heißt.«

Ich muss lachen. Aber sie hat recht. Ich liebe mein Paillettenkleidchen. Aber sieht so eine ernst zu nehmende Schriftstellerin aus? Ich streife mir den Blazer über, er passt.

»Gott, der ist absolut perfekt«, sage ich.

Gaga legt den Kopf schief und betrachtet mich.

»Bisschen langweilig«, sagt sie. »Null Sex-Appeal.«

»Eben«, sage ich. »Absolut perfekt.«

Gaga verdreht die Augen.

»Ey, warum schenkst du ihn mir, wenn er dir nicht gefällt?«, frage ich.

Sie deutet auf die Plastikkugel, die ich habe zu Boden fallen lassen.

»Ich entscheide nicht, was da drin ist«, sagt sie. »Sondern du. Das hier ist dein Traum.«

Ich runzle die Stirn, erwarte, dass sie noch etwas hinzufügen wird, aber sie lächelt nur. Es ist ein schönes Lächeln, es ist ein Filmstarlächeln, das fantastisch aussähe auf der großen Leinwand.

»Du solltest mal in einem Film mitspielen, Gaga«, sage ich.

Und tatsächlich hält sie inne, mustert mich kurz.

»You know what?«, sagt sie. »Maybe I should.«

Dann wache ich auf. Über dem Stuhl neben meinem Bett hängt – ein Blazer. Ich runzle die Stirn. Trete näher. Erwarte einen Twist. Aber es bleibt: ein schlichter schwarzer Blazer.

In den folgenden Wochen und Monaten denke ich oft an die Dinge, die Gaga mir im Traum gesagt hat. Ich habe so viel Angst wie eh und je, aber ich störe mich weniger daran als früher. Für mich steht jetzt endlich fest, dass ich Schriftstellerin werde. Ich weiß noch nicht, wie genau ich das hinkriegen soll, denn dass die deutschen Verlage sich nicht für mich interessieren, habe ich inzwischen verstanden. Aber wenn man einmal gesprungen ist, gibt es keinen Weg zurück. Das Sprungtuch, das einen zurück aufs Dach katapultiert, muss erst noch erfunden werden.

APPLAUSE

Je mehr man sich traut, je weiter man sich aus der eigenen Komfortzone herauswagt, desto wichtiger wird es, einen Zufluchtsort zu haben. Das lerne ich in dieser Zeit. Meiner ist ein kleines Café in Köln-Ehrenfeld, nur ein paar Straßen von meiner neuen Wohnung entfernt. Schon zu WG-Zeiten bin ich oft hierhingeflüchtet, um zu schreiben. Genau genommen ist der »Weltempfänger« ein Hostel: In den oberen Etagen befinden sich Zimmer, im Erdgeschoss das Café. Der »Weltempfänger« ist schlauchartig geformt. Wenn man reinkommt, befindet sich direkt rechts eine kleine Bühne, auf der sehr gute Bands häufig sehr gute Konzerte spielen. Ganz links steht ein

Klavier. Dahinter ein paar Tische vor der lang gezogenen Theke, hinter der ausschließlich zauberhafte Menschen stehen, die ausnahmslos einen fantastischen Musikgeschmack haben, denn die Playlists, die hier durchlaufen, sind stets eklektisch und immer, wirklich immer gut. Links steht eine Kuchenvitrine (»Kein Kuchen ist auch keine Lösung«), und im hinteren Bereich gibt es noch ein paar kleine Tische und Stühle sowie ein Bücherregal, aus dem sich die Hostelgäste bedienen können und auf das irgendwann irgendwer einen Sticker geklebt hat, auf dem »All you need is love« steht. Oft liegen auf der Fensterbank allerlei Flyer für Veranstaltungen oder für Aktionen für »Köln gegen Rechts« herum.

Ich sitze hier oft, schüchtern in der hintersten Ecke, trinke Kaffee, schaue mir die Schwarz-Weiß-Fotos an, die gerahmt an den Wänden hängen und Bands zeigen, die hier schon gespielt haben, tue so, als schriebe ich, während ich dem Gespräch am Nebentisch lausche. Am liebsten verbringe ich hier meine Vormittage.

Oft ist dann noch wenig los, die Kölnerinnen und Kölner, die anständige Jobs haben, sind arbeiten, und ich bin mit den Backpackern und anderen Hostelgästen alleine. Ich liebe diesen Ort, er hat seine ganz eigenen, magischen Gesetze. Er befindet sich an einer eigentlich recht prosaischen Kreuzung, aber sobald man das Café betreten hat, stellt man fest, dass sich die Realität ein kleines bisschen verschoben hat, dass man in eine Parallelwelt eingetreten ist, die ein kleines bisschen besser und freundlicher ist als die Realität da draußen auf der Venloer Straße, die man gerade hinter sich gelassen hat. Gaga würde diesen Ort genauso lieben wie ich, da bin ich mir sicher. Würde sich sofort ans Klavier setzen. Sich vielleicht einen Ehrenfelder Kräuterlikör bestellen für ihre trockene Rockstarkehle.

Im Februar 2014 ringe ich mich zu meiner ersten Sololesung durch.

Gaga hat in der Zwischenzeit ein Nachfolgealbum zu *Born This Way* herausgebracht, das sie *Artpop* nannte, und das – abgesehen von der großartigen Single *Applause* – ziemlich unbemerkt an mir vorüberging. Ich war damit beschäftigt, mir eine neue Wohnung zu suchen – und zu schreiben. Nach »Die Hässlichen« habe ich zwei weitere Romane geschrieben (in Teilen genau dort, im »Weltempfänger«), beide sind bei allen Verlagen durchgefallen. Ich weiß nicht so recht weiter, ich bin zweiunddreißig Jahre alt, und die Dinge stagnieren. Vielleicht ist dieses Gefühl der Grund, weshalb ich eine Lesung plötzlich für eine gute Idee halte. Ich schicke Britta und Roland, dem Ehepaar, dem der »Weltempfänger« gehört, eine Mail, und frage, ob ich einen Abend lang die Bühne haben könnte. Ich freue mich, als sie zusagen. Ich freue mich so lange, bis der Termin kurz bevorsteht, dann tue ich das, was jede vernünftige Frau mit *anxiety* tun würde: Ich gerate in Panik. Ich tigere in meiner Wohnung umher. Ich jammere meinem Freund die Ohren voll. Ich lege mich ins Bett und weine ein bisschen. Ich überlege, einfach nicht hinzugehen, die letzten paar Hundert Euro von meinem Konto abzubuchen und mich nach Mexiko abzusetzen. Oder in irgendein anderes Land, das zaghafte Künstlerinnen nicht ausliefert. Letztlich kneife ich nur deswegen nicht, weil der »Weltempfänger« mir seine Bühne gegeben und Werbung für meine Lesung gemacht und mir schon Stunden vorher die Bühnentechnik aufgebaut hat. Und weil ich weiß, dass meine Freundinnen und Freunde auf mich warten.

Also mache ich mich auf den Weg. Mir ist sehr warm, teils vom Rotwein, teils vor Aufregung. Die Texte, aus denen ich an diesem Abend lesen werde, habe ich kurz vorher noch schnell im Copyshop an der Ecke ausgedruckt.

Ich klettere auf die Bühne, setze mich, und mein Herz schlägt so schnell, dass ich ohne Übertreibung fürchte, ohnmächtig zu werden und vielleicht sogar zu sterben, aber ich werde nicht ohnmächtig. Ich habe auch keine Angst mehr, im Gegenteil. Es ist, als hätte sich plötzlich ein Schalter umgelegt. Und ich begreife in diesem Moment etwas über Angst: *Anxiety* und freudige Erregung fühlen sich in meinem Körper genau gleich an. Noch vor ein paar Minuten versetzte mich mein heftig pochendes Herz in Schrecken. Nun spüre ich, wie hart es arbeitet, um mich mit Energie zu versorgen. Weil es weiß, dass mir das hier wichtig ist. Und das fühlt sich fantastisch an. Plötzlich ist alles ganz einfach. Ich lese einfach ein paar Texte vor, das Publikum trinkt Bier und hört zu und lacht an den richtigen Stellen, und als ich fertig bin, klettere ich wieder von der Bühne runter, und wir trinken noch ein bisschen gemeinsam. An diesem Abend lerne ich eine wichtige Lektion über Lampenfieber und seine Überwindung: Schlimm ist es immer nur vorher. Der Gedanke, auf die Bühne zu steigen, war die Hölle. Auf der Bühne zu sein, war halb so wild. In der folgenden Nacht liege ich im Bett, kann nicht schlafen, weil Adrenalin und Alkohol meinen Körper nur sehr langsam verlassen, und frage mich, warum ich so lange gewartet habe.

Ein paar Tage später bekomme ich eine E-Mail von meinem Kumpel Chris, einem befreundeten Fotografen, der vor allem Rockbands fotografiert, und dessen Bilder ich sehr liebe. Er saß während meiner Lesung im Publikum. Wahrscheinlich kam er direkt von einem Job in den »Weltempfänger«, auf jeden Fall hatte er seine Kamera dabei und hat ein paar Schwarz-Weiß-Fotos von mir geschossen. Ich öffne sie auf meinem verschrammten MacBook. Blinzle ein paarmal, als sie sich auf dem Monitor aufbauen. Ich sitze in einem schönen, altmodischen Sessel. Vor mir das Mikro, rechts von mir eine Leselampe, rechts ein Tischchen mit einem Glas Wasser und einem Glas Rotwein darauf. Ich trage hohe Stiefeletten, schwarze Leggins in Latexoptik, eine billige Kunstlederjacke und darunter mein schwarzes Paillettenkleid. Ich sehe jung aus darauf, zu jung.

Viel zu mädchenhaft für eine Frau von zweiunddreißig Jahren, mit meinem kleinen Lockenkopf
und meinem zaghaften Lächeln. Aber Angst ist
da nicht, nirgends. *Goodbye*, schüchternstes
Mädchen der Stadt. Oder zumindest: *so long*.

PERFECT ILLUSION

Lady Gaga ist zweimal in Köln aufgetreten, und ich bin nicht hingegangen. Ich liebe kleine Clubkonzerte, aber ich hasse große Arenen. Außerdem war ich pleite. Oder hatte keine Zeit. Oder beides, ich weiß es nicht mehr so genau.

2018 verpasse ich Gaga erneut zweimal knapp. Einmal in New York, ihrer Heimatstadt, einem Ort, der sie definiert hat wie kein zweiter. Und dann, wenige Wochen später, noch einmal in Venedig.

In den vier Jahren seit meiner allerersten Lesung im »Weltempfänger« ist viel passiert. Ich habe zwei erfolgreiche Romane veröffentlicht und war endlos auf Lesereise. Meine Freundinnen nennen mich natürlich immer noch Mel, aber für mehr und mehr Menschen bin ich jetzt »Frau Raabe«. Ich habe mich tatsächlich in jemanden verwandelt, der schwarze Blazer trägt und darin nicht verkleidet aussieht. Ich bekomme Fanpost. Manchmal erkennen mich Menschen auf der Straße, dabei bin ich längst dazu zurückgekehrt, mich ausgesprochen unauffällig zu kleiden. Pailletten kommen jedenfalls kaum noch zum Einsatz, und in Clubs gehe ich, im Gegensatz zu Lukas, nur noch ausgesprochen selten. Ich bin zu müde, kann mich nur hin und wieder dazu aufraffen.

Gaga hat sich, nachdem *Artpop* 2013 kommerziell hinter den Vorgängeralben zurückgeblieben war, komplett neu erfunden und mit ihrem Freund Tony Bennett ein Jazzalbum aufgenommen. Was für ein kluger Move. Für *Artpop* wurde sie ohne Ende kritisiert, und die üblichen bösen Zungen, die es lieben, Menschen erst zu hypen und sie dann abstürzen zu sehen, verkündeten, mit Gaga sei es vorbei. Sie sei nur eine weitere Eintagsfliege, die ohnehin nicht mehr zu bieten gehabt habe als überdrehte Kostüme. Gibt es einen eleganteren Weg, den Hatern den Mittelfinger zu zeigen, als im Anschluss an ein solches Erlebnis ein makelloses Jazzalbum aufzunehmen? Gaga zeigt auf *Cheek to Cheek*, was für eine großartige, wandlungsfähige Sängerin sie ist. Und mir gefällt, wie sie mit Bennett interagiert. Tony Bennett ist Jahrgang 1926, als Gaga geboren wurde, war er sechzig Jahre alt und in den USA längst eine Legende. Die beiden waren einander 2011 zum ersten Mal bei einer Gala in New York backstage begegnet, nachdem Gaga einen Song von Nat King Cole zum Besten gegeben hatte. Bennett fragte sie daraufhin, ob sie nicht Lust hätte, ein Duett mit ihm für sein neues Album einzusingen, das zur Feier seines fünfundachtzigsten Geburtstags erscheinen sollte. Auf *Duets II* versammelt Bennett Künstlerinnen und Künstler wie Aretha Franklin, Andrea Boccelli und Mariah Carey, aber der Opencr des Albums ist seine Kollaboration mit Gaga: eine fabelhafte Version von *The Lady Is A Tramp*. Die Chemie zwischen Gaga und Bennett ist unverkennbar, ein komplettes gemeinsames Album war die logische Fortsetzung. Ich lege *Cheek to Cheek*, das 2014 erschien, für gewöhnlich auf, wenn ich Freundinnen und Freunde zum Brunch oder zum Abendessen einlade. *Born This Way* war Wodka Red Bull. (Aus einem Kaffeebecher, weil kein sauberes Glas mehr da ist.) *Cheek to Cheek* ist Jahrgangschampagner.

2016 erschien ein weiteres reguläres Lady-Gaga-Album namens *Joanne*. Es markierte die scheinbar endgültige Abkehr vom eingängigen Dance Pop, der Gaga berühmt gemacht hatte. Für *Joanne* hat sie Gitarrespielen gelernt und ein paar fast schon folkige Songs geschrieben, die sich mit poppigeren Nummern abwechseln. Ich nahm *Joanne* nur am Rande wahr, ich war völlig davon absorbiert, meinen neuen Roman erst zu beenden und dann zu promoten, um mich mit irgendetwas anderem zu befassen, aber ich erinnere mich noch, was Lukas zum Erscheinen von *Joanne* irgendwo auf Social Media postete: »Danke Gaga, es war schön mit dir – aber bei Joanne bin ich raus.«

Etwas ging zu Ende, so zumindest fühlte es sich an. *Joanne* erschien am 21. Oktober 2016, genau achtzehn Tage später wurde Donald Trump zum 45. Präsidenten der Vereinigten Staaten gewählt. Diese Zeit war das.

Ja, es fühlte sich definitiv so an, als ginge etwas zu Ende.

Als Trump gewählt wurde, war ich auf Lesereise in Österreich. Am Vorabend hatte ich noch mit meinem Veranstalter gescherzt, dass, sollte der Rassist und Frauenverächter es wider Erwarten packen, ich am kommenden Abend keine normale Lesung machen, sondern eine Gesprächstherapie anbieten würde. Ich kann das Gefühl nicht beschreiben, das mich überkam, als ich am nächsten Morgen in meinem Hotelbett in der niederösterreichischen Provinz erwachte und den Fernseher einschaltete, aber ich fühlte mich irgendwie außerordentlich alleine und wünschte, ich wäre daheim, bei meinem Freund, bei meinen Liebsten. Ich weinte ein bisschen, schrieb ein paar Textnachrichten, las die Antworten. Duschte. Zog meine schwarze Jeans und mein schwarzes Top und meinen schwarzen Blazer an und stellte mich dem Tag.

Lady Gaga hatte sich noch in der Nacht den spontanen Protesten in New York angeschlossen, die es vorm Trump Tower gab. Auf dem Plakat, das sie in die Höhe reckte, standen nur drei Worte: *Love Trumps Hate*.

Große Teile der Tour zu *Joanne* muss Gaga wegen gesundheitlicher Probleme verschieben, aber sie steht trotzdem wahnsinnig häufig auf der Bühne und gestaltet 2017 sogar die *Superbowl Halftime Show*. Ein Ereignis, dessen Strahlkraft mich nie erreicht hat, das aber in den USA so eine Art Ritterschlag für Entertainer*innen zu sein scheint.

Anschließend macht sie sich daran, Hollywood zu erobern: Sie ist von Bradley Cooper für ihren ersten Hollywoodfilm, ein Remake von *A Star Is Born*, gecastet worden. Sie hat also gut zu tun. Und dann ist da auch noch die *Born This Way Foundation*, eine Stiftung, die Gaga Anfang der Zehnerjahre gegründet hat und die von ihrer Mutter Cynthia geleitet wird – mit dem Ziel, das Mobbing zu bekämpfen, dem Jugendliche häufig ausgesetzt sind und *kindness* zu verbreiten. Ich weiß nicht, wie sie das alles macht. Gaga hat schon vor einer ganzen Weile öffentlich gemacht, dass sie unter Depressionen und chronischen Schmerzen leidet. Irgendwie macht sie weiter, irgendwie hält sie durch. Jedes Mal, wenn ich irgendwo – im Fernsehen, auf YouTube – eine Performance von ihr sehe, brennt sie lichterloh.

New York ist Gagas Stadt, und ich glaube, man kann Gaga nicht verstehen, wenn man nicht weiß, wo sie herkommt. New York ist so widersprüchlich wie sie. Und es ist ein Ort, an dem es so gut wie unmöglich ist aufzufallen. Ich erinnere mich, wie ich 2012 zum ersten Mal in der Stadt war. Das Gefühl, mit der Subway nach Manhattan zu fahren und dort von einer schmutzigen, klebrigen Treppe auf die Straße gekalbt zu werden, werde ich nie vergessen. Mir kam es so vor, als hätte ich gut dreißig Jahre lang die Luft angehalten und hätte nun endlich, endlich ausatmen können. Und dann wieder ganz tief ein. Hier gab es keinen Grund, mich unsichtbar zu machen. Hier interessierte sich niemand, aber auch wirklich niemand für mich. An einem Ort, an dem *alle* anders aussehen, sieht *niemand* anders aus. Und wer Wert darauf legt aufzufallen, jemand zu sein, dem die Menschen hinterherschauen, der muss sich wirklich, wirklich Mühe geben, außergewöhnlich zu sein.

2012 kam ich mit meinem Freund als Touristin nach New York. Die erste Nacht wohnten wir bei einer Freundin, die in die Stadt gezogen war, um ein Star zu werden, und die ein kleines Zimmer in Washington Heights bewohnte. Ich schlief kaum in dieser Nacht, teils wegen des Jetlags, teils wegen meiner generellen Panik was Insekten im Allgemeinen und Kakerlaken im Besonderen betrifft. Anschließend zogen wir in ein kleines Hotel im East Village. Gleich mehrere unserer deutschen Freunde waren zur gleichen Zeit in der Stadt, und wir machten, was man eben so macht. Vom Rockefeller Center aus aufs Empire State Building gucken, über die Brooklyn Bridge laufen, mit der Staten Island Ferry fahren und Lady Liberty zuwinken und auf Picknickdecken im Central Park liegen. Uns von freundlichen Anwohnern zeigen lassen, wo die Feuerwehrwache aus *Ghostbusters* ist und wo das Haus von Truman Capote. Solche Dinge eben.

Lady Gaga ist an der Upper West Side aufgewachsen, wo sich die Wohnung ihrer Eltern befand, in der sie Klavierspielen lernte und ihre ersten Songs schrieb. Die Upper West Side ist wunderhübsch und wahnsinnig teuer; als ich hier zum ersten Mal herumgeschlendert bin, hatte ich das

Gefühl, jeden Augenblick einem Charakter aus *Sex And The City* begegnen zu können. Nachdem Gaga im zweiten Jahr die Musikschule verließ und ihre offizielle Ausbildung abbrach, um ein Star zu werden, wurde sie Teil der Downtown-Szene und zog an die Lower East Side.

New York ist Teil ihrer DNS, und ich frage mich, wie sie sich entwickelt hätte, wenn sie in der ostdeutschen Provinz geboren worden wäre. Hätte sie auch von dort aus die Welt erobert? Oder konnte sie nur in New York zu der Art von Künstlerin werden, die sie ist?

Und was wäre aus mir geworden, wenn ich in Manhattan geboren und sozialisiert worden wäre? Hätte ich meine Scheu viel früher abgelegt? Hätte ich zwischen lauter aufregenden Kreativen um Aufmerksamkeit gekämpft, statt sie zu meiden, wie der Teufel das Weihwasser? Hätte der Schmelztiegel New York mit all seinen Künstlerinnen und Künstlern und seinen zahllosen Einflüssen mich inspiriert? Oder hätte er mich auf ganz andere Art und Weise beeinflusst?

ALICE

Als ich dieses Mal, im Frühsommer 2018, am JFK Airport lande, bin ich allein. Ich schnappe mir ein Taxi und fahre in die Stadt.

Dieses Mal habe ich ein bisschen mehr Zeit in NYC, bis nächsten Monat, im Juli, mein dritter Roman erscheinen wird, ich werde jede Menge Pressetermine machen, eine Buchpremiere, die fürs Radio aufgezeichnet wird – und im September geht's auf Lesereise. Auch an mir sind die letzten Jahre nicht spurlos vorbeigegangen, im neuen Roman geht es um Macht und um Machtmissbrauch, um Manipulation und um Schuld und jede Menge negativen Ballast. Und letztlich, natürlich, um Befreiung. Ich war wütend, als ich diesen Text schrieb, und sicherlich auch ein bisschen verzweifelt. Einer seiner Geburtsorte war ein Hotelbett in der niederösterreichischen Provinz im November 2016.

Diese Themen sind zunächst ausgeschwitzt, aber nach dem Buch ist vor dem Buch, und ich spüre, dass es an der Zeit ist für neue Geschichten. Ich fliege also nicht nach New York, um Urlaub zu machen, sondern um dort eine Weile zu leben und zu arbeiten.

»222 West 23rd Street«, sage ich dem Taxifahrer, der mich vor dem Terminal aufgegabelt hat. »Chelsea Hotel.«

Das »Chelsea« ist einer der mythenumwobensten Orte der Stadt, hier residierten über die Jahrzehnte hinweg zahllose berühmte Künstlerinnen und Künstler. Mir ist es vor allem ein Begriff, seit ich *Just Kids* von Patti Smith gelesen habe, in dem sie ihre Freundschaft zum Fotografen Robert Mapplethorpe beschreibt. Auch sie fanden eine Heimat im »Chelsea«, dessen Besitzer sich von seinen Schützlingen häufig mit Kunst statt Cash bezahlen ließ. Ich ziehe allerdings nicht ins »Chelsea«, weil ich mich für eine begnadete Künstlerin halte oder mal im Glanz vergangener Zeiten baden möchte – sondern aus reinem Zufall. Ich komme schlicht und einfach bei der Freundin einer Freundin unter.

Man-Laï, meine Mitbewohnerin, ist der absolute Jackpot. Eine fabelhafte, alterslose Erscheinung. Ihr hinreißender Akzent zeugt davon, dass sie eigentlich aus Paris kommt, ebenso wie ihre elegante schwarze Kleidung und ihre übergroßen dunklen Sonnenbrillen. Man-Laï lebt seit den Achtzigerjahren im »Chelsea Hotel«, sie arbeitet als freie Eventplanerin und hat hier alleinerziehend ihre wunderschönen Zwillinge aufgezogen. Die Mädchen sind längst aus dem Haus, inzwischen wohnt sie mit ihrem winzigen Pekinesen und einer majestätischen ägyptischen Katze zusammen. Die Katze mag es, in meinem Zimmer zu schlafen, sie ist eine sanfte, ruhige Kreatur und liebt mich, wie die meisten Katzen. Biggie hingegen, den Pekinesen (kurz für The Notorious B.I.G., nach dem ausgesprochen erfolgreichen, ausgesprochen beleibten Rapper, der 1997 erschossen wurde), versetzt meine Anwesenheit in helle Panik. Auf meinen Waden prangen fast meine komplette Zeit in NYC über blaue Flecken, die Biggie mir regelmäßig verpasst, wenn er mal wieder versucht, mich durch meine Jeanshose hindurch zu zwicken. The Notorious B.I.G. hat vor allem Angst, vor Menschen, vor Katzen, vor dem Leben an sich. Wenn Man-Laï ihn Gassi führt, trippelt er zwischen ihren Beinen her, und wann immer sie stehen bleibt, um sich mit einer Nachbarin zu unterhalten, treten seine Augen vor Furcht aus den Höhlen, und er zittert am ganzen Körper. Biggie ist nervös, schlau, verängstigt und bisweilen bissig. Er erinnert mich an mich als Teenager.

Noch immer ist das »Chelsea« von aufregenden Menschen bevölkert, die es, ebenso wie Man-Laï, teils seit Jahrzehnten ihr Zuhause nennen. Eine von ihnen ist Susanne Bartsch, New Yorks aus der Schweiz stammende Party Queen, die seit vielen Jahren einige der besten Partyreihen der Stadt kuratiert und 1989 den *Love Ball* erfand, mit dessen Einnahmen sie den Kampf gegen AIDS unterstützte. Es gibt eine tolle Doku über sie, die man in den USA auf Netflix sehen kann, und die so heißt wie Susanne Bartschs aktuelle Partyreihe: *On Top*. Warum ich das erwähne? Weil Bartsch aussieht wie Gagas ältere Schwester in ihren elaborierten Outfits, und weil wohl nur New York City diese fabelhaften Wesen hervorbringen kann.

Gaga und New York sind miteinander verbunden, so wie ich mit dem Dorf und mit der Kleinstadt verbunden bin.

Im Sommer 2018 tauche ich ein in ihre Stadt, passe mich ihrem Rhythmus an. Morgens einen *Soy Cortado* und einen glutenfreien Donut bei Matto an der 7th Avenue, unterwegs immer kurz den Blick nach links, denn da lugt das Empire

State Building hervor, danach in diesen Coffee-shop ein paar Straßen weiter Uptown, an neuen Stoffen arbeiten. Später am Tag, wenn ich geschrieben habe, was zu schreiben ist, stromere ich oft durch die Stadt, manchmal mit Notizbuch, manchmal einfach so. Und abends gehen Man-Laï und ich aus.

Susanne Bartschs Partyreihe *On Top* findet nur ein paar Straßen weiter statt, und eines Nachts gehen wir gemeinsam hin. Gute Musik und Drinks und Drag Performances, es ist herrlich. Ich gehe unter in der Menge, und ich begreife, woran New York mich erinnert, weshalb ich mich hier so wohlfühle, weshalb ich hier frei atmen kann. Manhattan ist wie ein Kokon. Es funktioniert ganz anders als mein Dorf, natürlich. Aber der Effekt ist derselbe. Niemand schenkt mir großartig Beachtung. Ich kann atmen.

Als Man-Laï und ich in dieser Nacht irgendwann nach Hause laufen, folgt uns in einigem Abstand ein Fuchs. Als wir *Le Bain*, die Rooftop Lounge des »Standard Hotels«, verlassen haben, war er noch nicht da, da bin ich mir sicher. Seit wann gibt es Rotfüchse in Manhattan? Woher kommt er? Wo lebt er? Räubert er Singvogeleier im Central Park? Jagt er Essensreste in Koreatown? Ich bin zu betrunken, um mir ernsthaft Gedanken darüber zu machen, ich freue mich einfach, dass er da ist. Er überquert hinter uns die 8th Avenue, leichtfüßig, verschwindet kurz im Schatten eines Standes, der in ein paar Stunden wieder öffnen und Hot Dogs und Cream Cheese Bagels und Pepsi anbieten wird, taucht dann wieder auf und folgt uns, vorbei an den Obdachlosen, die vor dem Kino und dem Donutshop in der Nachbarschaft des »Chelsea« schlafen, und bleibt erst stehen, als wir ins Gebäude verschwinden. Nachdem ich Man-Laï »Gute Nacht« gesagt habe, trete ich von meinem Zimmer aus auf den kleinen Balkon, der zur 23. Straße hinausgeht, und von dem aus ich die berühmte Leuchtreklame des »Chelsea Hotels« sehen kann. Der Fuchs ist noch da. Als hätte er nur darauf gewartet, dass ich noch mal ans Fenster komme, schaut er zu mir herauf, nickt mir kurz zu, zumindest kommt es mir so vor, dann verschwindet er wieder im Labyrinth der Stadt. Und da begreife ich endlich, dass er kein normaler Fuchs ist, so wie der in meinem Dorf kein normaler Fuchs war. Ich lächle, als ich mir die Schminke vom Gesicht wasche. Dass ich das nicht schon viel früher begriffen habe! Natürlich ist New York City voller alter Magie! Natürlich gibt es hier freundliche, verständige Füchse! Ich bin sehr glücklich und fühle mich sehr friedvoll, als ich schließlich schlafen gehe.

Und irgendwie erwarte ich, in dieser Nacht von Lady Gaga zu träumen, doch ich schlafe traumlos.

Als Ende Juni die Parade anlässlich des *Gay Pride* durch Manhattan zieht, bin ich seit einem Monat hier und fühle mich zu Hause. Seit Tagen freue ich mich auf die Parade, aber als es schließlich so weit ist, schrecken mich die Menschenmassen ab. Es ist einfach zu voll in der Stadt, und statt der Parade zuzujubeln, nehme ich zusammen mit Man-Laï die Fähre rüber zu Governour's Island, um mir mit ihr gemeinsam das Kunstprojekt anzuschauen, bei dem eine ihrer Freundinnen mitwirkt. Es ist ein wunderschöner, heißer Sommertag, und es tut gut, auf dem Wasser herumzugondeln und dem Asphalt ein paar Stunden lang zu entfliehen.

Gaga hat sich derweil unter die Menge gemischt, die den *Pride* feiert, in Jeans, weißem Top und Regenbogen-Make-up. Das sehe ich, als ich abends im Bett liege und mir online Fotos anschaue, bevor mir die Augen zufallen. Wo auch immer sie die Nacht verbringt, weit weg kann sie nicht sein. Manhattan ist winzig. Ich hätte mir denken können, dass sie in der Stadt ist. Gaga ist von je her eine leidenschaftliche Unterstützerin der LGBTQ+-Community. Ein Grund mehr, sie zu lieben.

An meinem letzten Abend in NYC planen Man-Laï und ich, zusammen essen und anschließend zu einer Privatparty zu gehen. Ich bin bereit, nach Hause zu fliegen, meinen Freund, meine Liebsten wiederzusehen. Und doch: New York zu verlassen tut weh. Wie Gaga freiwillig nach Los Angeles ziehen konnte, ist mir ein Rätsel. Während ich meinen Koffer packe und noch einmal meine Abflugzeit checke, versuche ich, aus meinem Aufenthalt in New York Sinn zu machen. Ja, ich bin nach New York geflogen, einfach um ein bisschen Zeit in meiner Lieblingsstadt zu verbringen. Aber ich bin auch nach New York geflogen, um zu mir zu kommen. Die letzten Jahre waren ein Wirbelwind an Ereignissen und Emotionen, mein Herz und mein Hirn sind da zuletzt nicht mehr so ganz mitgekommen. *Und jetzt?*

New York war wundervoll, aber für Klarheit hat es nicht gesorgt. Ich bin nicht mehr der scheue Teenager, der ich mal war, und ich bin auch nicht mehr die verwirrte Mittzwanzigerin. Ich bin eine erfolgreiche Autorin. Meine Bücher stehen bei Barnes & Noble am Union Square, das weiß ich, ich habe nachgesehen. *Und jetzt?*

Ich bin sechsunddreißig Jahre alt, in wenigen Wochen werde ich siebenunddreißig. *Just Dance*, Lady Gagas erster Hit, ist vor gut zehn Jahren erschienen. Ich habe diese zehn Jahre genutzt, um alle Träume, die ich damals hatte, lebendig werden zu lassen und sie dann zu übertreffen. Aber fertig bin ich noch lange nicht. Wahrscheinlich werde ich nie wirklich verstehen, mit wem ich es hier eigentlich zu tun habe. Manchmal frage ich mich, ob ich Gaga auch deswegen so gerne mag, weil sie so widersprüchlich ist. Weil sie sich kontinuierlich weiterentwickelt. Wenn man sie nur einen Wimpernschlag lang aus den Augen lässt, ist sie schon wieder eine andere, wenn man das nächste Mal hinschaut. Das mag ich. Das fühlt sich vertraut an für mich. Ich fürchte langsam, ich bin genauso.

Die Party, zu der wir an diesem Abend gehen, ist eine Geburtstagsparty: Charlie, ein weiterer Freund von Man-Laï, wird blutjunge sechsundzwanzig. Wenn seine Geburtstagsparty auch nur ein kleiner Indikator ist, dann weiß er genau, wer er ist, woran er glaubt und wofür er stehen will. Er könnte mich nicht weniger an mich selbst in diesem Alter erinnern.

Charlie feiert in einem Laden am East River, in Spuckweite der Brooklyn Bridge. Das Lokal ist eine Mischung aus Bar und Café, in dem man tagsüber brunchen und abends trinken kann. Der Raum ist voller lächelnder Menschen, und ich weiß nicht, was es mit diesem Phänomen auf sich hat, aber normalerweise fremdele ich mit Gruppen von Leuten, die ich nicht kenne, normalerweise sind genau das hier Situationen, die ich meide, wie der Teufel das Weihwasser; aber hier in New York ist es anders, hier bin ich zwar wirklich fremd, aber ich fremdele niemals mit den Menschen.

An einer Wand des Cafés hängt ein großes Plakat, auf das jemand *Black Lives Matter* geschrieben hat. Auf der Bar liegt die Cocktailkarte für den Abend. Sie zeigt ein Einhorn, das eine Flagge schwingt, auf der nur ein Wort steht: *Resist*. Die

Drinks tragen schöne Namen wie *Queer AF*, ich bestelle einen solchen und mische mich unters Volk. Im Laufe des Abends gibt es Drag Performances, eine politische Rede, in der dazu aufgefordert wird, in der nächsten Kommunalwahl für eine bestimmte liberale Kandidatin zu stimmen, und viel gute Musik. In der Mitte des Raumes steht ein Eimer für Spenden, die – ebenso wie die Getränkeeinnahmen – an Charlies liebste NGOs gehen werden. Ich bin erstaunt und entzückt, wie nahtlos Charlie und seine Freundinnen und Freunde Aktivismus und Party mischen. Da, wo ich herkomme – ob das nun das Dorf, die Kleinstadt oder Köln ist –, wäre das in dieser Form nicht denkbar. Und diese Mischung, dieser scheinbare Widerspruch, der sich hier aufs Schönste auflöst, erinnert mich an etwas, oder besser: an jemanden.

Auf dem Heimflug denke ich nach, denn ich kann natürlich nicht schlafen. Ich lasse eine Welt hinter mir, in der ich aufgeblüht bin, und die so anders ist als die, die mich erwartet. Während ich mich weiter von diesem Ort entferne, an dem ich mich so unwahrscheinlich zu Hause fühle, denke ich darüber nach, wie Orte, wie Umgebungen uns verändern. In New York war ich eine ganz andere als daheim. War das ein neues Ich, das da zum Vorschein kam? Oder nur eine weitere Facette, die sich bald in das Prisma einfügen wird, das ich Ich nenne?

Es gibt einen Satz, den ich in meinem Leben schon unfassbar häufig gehört habe: »Du bist ganz anders, als ich dachte.« Oder gerne auch in der Variante: »Sie habe ich mir aber ganz anders vorgestellt.« Menschen sagen mir diesen Satz, wenn sie mir zum ersten Mal »in echt« begegnen, nachdem sie mich zuvor nur online wahrgenommen, im Radio gehört oder im Fernsehen gesehen haben. Ich habe keine Ahnung, was er bedeutet, ich weiß nur, dass ich anscheinend eine Meisterin darin bin, Erwartungen nicht gerecht zu werden. Ich sehe nicht aus wie eine Frau, die aus der thüringischen Provinz kommt, ich sehe nicht aus wie eine

Bestsellerautorin, und schon gar nicht wie eine, die düstere Stoffe schreibt, in denen es ganz viel um Ängste und um Zweifel geht. *Melanie Raabe, defying expectations since 1981.*

Eine meiner Lieblingsgeschichten über Lady Gaga stammt aus dem Jahr 2011. Angeblich ist Gaga – so habe ich es zumindest in Erinnerung – gerade mit Freundinnen in Texas unterwegs, als sie an einem tendenziell merkwürdigen Hotel vorbeifahren, das auf einem großen Werbeschild nicht nur ein All-You-Can-Eat-Buffet, sondern auch einen Lady-Gaga-Lookalike-Contest bewarb. Und natürlich kann Gaga nicht widerstehen. Also hält sie an, zieht sich bis auf die Unterwäsche aus, trägt Make-up auf, schlüpft in ein Paar Stilettos und versucht ihr Glück. Ein rappelvoller Laden erwartet sie, und ein großer Teil der Anwesenden macht sich Hoffnungen auf den Sieg. Lady Gaga selbst, so zumindest geht die Geschichte, schafft es relativ mühelos in die Top Ten – und landet schließlich: auf Platz 3. Platz 2 belegt ein Typ, und Erste wird eine Frau, die sich das Gesicht hat operieren lassen, um mehr wie Lady Gaga auszusehen. Die echte Gaga, so erzählt es das Internet, gönnt ihr den Sieg.

Gaga versteht eben etwas von Authentizität (und Erwartungen interessieren sie offenkundig wenig). Sie ist ein wandelndes Paradoxon. Komplex wie ein Christopher-Nolan-Film, widersprüchlich wie das Leben selbst. Ein freundlicher *Badass*. Und das fasziniert mich. Dass sie alles sein kann, düster und licht, tough und zerbrechlich, genial und billig, intellektuell und gefühlig, dramatisch und *real* – und dass sie dabei immer hundertprozentig sie selbst ist. Ich weiß nicht, wie sie das macht, aber Gaga wirkt im Las-Vegas-Outfit genauso authentisch und echt wie auf jedem ungeschminkten Selfie. Das inspiriert mich. Gagas Authentizität – und dass sie keine Angst zu kennen scheint.

Vor allem aber weiß sie, dass es nicht unser Look ist, der uns ausmacht. Nicht unsere Hautfarbe. Nicht unser Gender. Gaga hat mehr Masken als ein griechischer Chor, mehr Perücken als das Set von RuPauls Drag Race. Gaga weiß, dass Menschen Facetten haben, und sie zeigt uns nicht nur jede einzelne von sich, sondern ermuntert uns auch, es ihr nachzutun. Gaga kann philosophisch daherreden, während sie ein Kleid trägt, in dem sie wie ein Alien aussieht oder wie ein Zirkusclown. Sie kann praktisch nackt herumlaufen und trotzdem erwarten, nicht nur mit Respekt behandelt, sondern ernst genommen zu werden. Sie kann sich in eine Haute-Couture-Robe werfen, die mehr kostet als eine Limousine und damit zu Burger King gehen. Wenn man glaubt, sie begriffen zu haben, dreht sie sich dreimal um sich selbst und hat sich schon wieder verwandelt. Sie ist wie dieses Trickbild, in dem man manchmal das kokette junge Mädchen und manchmal die alte Frau sieht. Sie changiert – wie die Fee in meinen Träumen –, und gleichzeitig sieht man immer ihr Selbst – klar und deutlich. Natürlich gönnt sie der Lady-Gaga-Imitatorin den Sieg.

Nicmand kann etwas wegnehmen von dem, was Gaga *ist*.

Daran denke ich, während ich mich in meinen winzigen Economy-Sitz kuschele. Erst als wir schon stundenlang über den Atlantik geflogen sind, döse ich weg.

Ich habe seit Jahren nicht von Gaga geträumt, überhaupt träume ich in letzter Zeit selten. Bevor ich nach New York aufgebrochen bin, war dies mein Muster: Ich falle ins Bett, schlafe sofort ein und erwache sechs oder sieben oder, wenn man mich lässt, acht Stunden später, mal mehr, mal weniger erholt. Lange war ich stolz auf meine Fähigkeit, noch in dem Moment einschlafen zu können, in dem mein Kopf das Kopfkissen berührte – bis ich irgendwo las, dass es normal ist, rund fünfzehn Minuten fürs Einschlafen zu brauchen, und dass alle, bei denen es deutlich schneller geht, chronisch übermüdet und womöglich ausgebrannt sind.

Als ich nun zum dritten Mal von Gaga träume,

brauche ich einen Moment, um zu begreifen, wo wir sind. Wir befinden uns weit über den Hochhäusern einer Stadt, die vermutlich New York City ist, auch wenn ich ihre markantesten Bauten nicht ausmachen kann. Ich sitze in der Gondel eines Riesenrades. Es dämmert, das Licht ist irgendwie besonders, wir befinden uns auf der Schnittstelle zwischen Tag und Nacht. Gaga sitzt mir gegenüber, sie trägt ein fabelhaftes, ausladendes, leuchtend pinkes Kleid und raucht eine Zigarette. Ihre Robe ist riesig, so viel Stoff, keine Ahnung, wie sie sich damit in diese Gondel hier gequetscht hat.

»Hey, Gaga, what's up?«, sage ich.

»Oooh, I see you've been practicing your New York accent«, sagt Gaga und grinst.

Ich fühle mich ertappt und wechsle lieber wieder in meine Muttersprache.

»Was machst du hier?«

»Nach dir sehen«, sagt sie. »Was sonst?«

»Ehrlich gesagt dachte ich, du hättest mich vergessen.«

»Nope!«

Sie schnippt ihre Zigarette aus der Gondel, zündet sich umgehend eine neue an.

»Ehrlich gesagt dachte ich, *du* hättest *mich* vergessen!«, sagt sie.

»Wie kommst du darauf?«

»Na ja, zum einen hast du aufgehört, das Paillettenkleid zu tragen, das ich dir geschenkt habe«, sagt sie.

»Gaga, komm schon. Ich kann das Kleid nicht mehr tragen«, sage ich. »Ich bin jetzt Schriftstellerin, ich muss zumindest ein bisschen seriös aussehen. Also, im Rahmen meiner Möglichkeiten.«

»Das stimmt nicht«, sagt sie. »Das ist nur eine der vielen Geschichten, die du dir erzählst.«

Sie bläst einen Kringel, dann noch einen. Sie nehmen die Form von Herzchen an und schweben davon.

»Aber ich trage das Jackett, das du mir gegeben hast«, sage ich.

Ich will nicht, dass sie beleidigt ist. Es fehlte noch, dass ich meine gute Fee gegen mich aufbringe.

»Du solltest beides tragen«, sagt Gaga.

»Gleichzeitig?«

»Nicht gleichzeitig, stupid.«

Ich weiß nicht, worauf sie hinauswill. Besucht sie mich nach all den Jahren im Traum, um mir Rat in Modedingen zu geben? Gaga verdreht die Augen.

»Ich dachte, es sei offensichtlich«, sagt sie. »Aber das Kleid und das Jackett repräsentieren zwei unterschiedliche Facetten von dir.«

»Ja, danke«, sage ich. »So viel habe selbst ich verstanden.«

»Ich sage nur, dass du dich nicht entscheiden musst«, sagt Gaga. »Wieso solltest du dich für eine von beiden entscheiden müssen?«

Darüber muss ich nachdenken.

»Also«, sagt Gaga. »Stell mir deine Frage. Irgendeine Frage hast du doch immer, und ich muss gleich weiter.«

Ich überlege kurz.

»Wie machst du das?«, frage ich. »Immer du selbst zu sein? Und niemals unsicher?«

Sie runzelt die Stirn, als verstünde sie nicht, was ich meine.

»Wieso denkst du, dass ich nie unsicher bin? Die meiste Zeit über bin ich wahnsinnig deprimiert!«

Sie zuckt mit den schmalen Schultern, und der pinke Stoff, in den sie sich gehüllt hat, raschelt.

»Aber ich mag es halt auch, Dinge zu kreieren.«

Sie legt den Kopf schief, mustert mich.

»Genau wie du!«

»Aber wie schaffst du das alles?«, frage ich. »Wie hältst du das alles aus, vor allem wenn du sagst, dass es dir oft nicht gut geht … Wie schaffst du es, einfach immer weiterzumachen? Die Welt ist so verrückt! Es ist alles zu viel, findest du nicht? Zu viel Leben, zu viel Tod, zu viel Grausamkeit und zu viel Glück.«

»Mein Gott, du bist so was von dramatisch«, sagt sie.

»*Du* nennst *mich* dramatisch?«

Ich bin empört.

»Du willst wissen, wie ich es mache?«, fragt sie.

»Es ist im Grunde sehr einfach. You feel the fear and do it anyway.«

»Hm«, sage ich und lasse meinen Blick über die funkelnden Lichter der Stadt unter uns schweifen. Ich will es mir nicht anmerken lassen, aber ich bin ein bisschen enttäuscht. Ich hatte auf mehr gehofft als auf Glückskeksweisheiten.

»Hey«, sagt Gaga. »Ich sage nur, was du mir in den Mund legst. So viel solltest du inzwischen begriffen haben.«

Sie fängt an, in ihrer Handtasche zu kramen.

»It's good advice though«, murmelt sie, dann zaubert sie eine glitzernde Plastikkugel hervor und reicht sie mir.

»Danke«, sage ich und öffne sie.

Dieses Mal fällt kein Kleidungsstück zu Boden. In der Kugel befindet sich ein kleiner Ring, wie aus dem Kaugummiautomaten. Er trägt eine kleine, kaum zu entziffernde Inschrift. Ich kneife die Augen zusammen, kann sie in der Dunkelheit aber nicht erkennen.

»Was steht da?«, frage ich.

»Free Woman«, sagt Gaga.

Perfekt, denke ich – und stutze.

»Das hast du schon mal zu mir gesagt, in einem anderen Traum«, sage ich. »Ist eine ganze Weile her.«

»Und ich habe dir gesagt, dass du eines Tages verstehen würdest«, antwortet sie.

Ich stecke mir den Ring an den Finger, und wir schweigen ein bisschen zusammen, während das Riesenrad sich dreht. Gaga schaut versonnen in die Ferne.

»Schön hier, oder?«, sagt sie.

»Sehr.«

»I'll always remember us this way«, sagt Gaga.

Dann bin ich alleine in der Gondel.

Ich wache auf, als die Pilotin durchgibt, dass wir bald landen werden. Ich drehe den Ring an meinem Finger, Start und Landung machen mich immer ein wenig nervös.

Dann lande ich sicher in Frankfurt.

Es ist ein extrem heißer Sommer in Deutschland. Mein Roman erscheint, ich feiere Geburtstag, ich lese aus meinem Buch vor, ich sitze in Talkshows. Bevor die Lesereise im Herbst so richtig losgeht, fliege ich allerdings noch mit Frank, meinem besten Freund, für einen Kurzurlaub nach Italien. Erster Stopp: Venedig. Ich verpasse Gaga um wenige Tage. Sie war mit ihrem Regisseur und Co-Star Bradley Cooper in der Stadt, um beim Venice Film Festival *A Star Is Born* zu promoten – die Fotos auf den italienischen Tageszeitungen zeugen noch davon. Eines meiner absoluten Lieblingsfotos von ihr wurde zu diesem Anlass geschossen. Zur Premiere trug sie ein rosafarbenes, ausladendes Haute Couture Kleid von Valentino. Die Fotografen müssen durchgedreht sein, als sie auf dem roten Teppich aufgetaucht ist, aber einem von ihnen gelang es, nicht nur den Moment festzuhalten, sondern auch seinen Zauber: Gaga in ihrem Kleid, vor einem Meer aus Fotografinnen und Fotografen, den Kopf leicht nach hinten gelegt. In diesem Moment sieht sie aus wie ein schöner rosafarbener Schwan.

Während ich mich mit Frank einmal quer durch Norditalien esse, entwickelt sich *A Star Is Born* zu einem absoluten Triumph. Gaga spielt darin eine aufstrebende Musikerin, und die Lead Single aus dem Film, *Shallow*, wird auch im echten Leben zu einem ihrer größten Hits. Ich höre den Song diesen Herbst rauf und runter. Ich liebe, wie reif Gaga auf diesem Song klingt, wie ihre Stimme mühelos abhebt an dieser einen Stelle, bei der ich jedes Mal Gänsehaut kriege. *I'm off the deep end, watch as I dive in …*

Ich schaue mir *A Star Is Born* an, und der Film haut mich völlig um, Bradley Cooper ist toll, aber Gaga ist umwerfend. Es ist völlig klar, dass sie ihre erste Oscar-Nominierung als beste Hauptdarstellerin dafür erhalten wird.

Während ich mit meinem Buch auf Lesereise bin, fange ich – zugegeben ein paar Jahre zu spät – damit an, *Joanne* zu hören. Plötzlich erschließt sich mir das Album in seiner vollen Dramatik. Gaga klingt ungeschliffen, verwundbar. Irgendwann finde ich die zugehörige Dokumentation über Gaga, *Five Foot Two*, auf Netflix, und ich verliebe mich noch einmal ganz neu.

Ich wusste, dass es Gaga oft nicht gut geht. Vor einer Weile hat sie öffentlich gemacht, dass sie von einem Musikproduzenten vergewaltigt wurde, als sie neunzehn Jahre alt war. »Ich leide seit der Vergewaltigung an einer posttraumatischen Belastungsstörung. Ich habe dieses Trauma nie überwunden«, sagte sie in einem Interview mit Oprah Winfrey. Es ist ebenfalls bekannt, dass sie sich vor ein paar Jahren die Hüfte gebrochen hat und seither an chronischen Schmerzen leidet. Und dass ihre beste Freundin an Krebs starb, als Gaga gerade für *A Star Is Born* vor der Kamera stand.

Five Foot Two begleitet Gaga über einen längeren Zeitraum hinweg, mal ist sie mit Produzent Mark Ronson im Studio, um Songs für *Joanne* aufzunehmen, mal sitzt sie daheim und weint, mal besucht sie ihre Großmutter, mal probt sie für ihren Auftritt beim Superbowl. Es ist schwer, diesen Film zu sehen und nicht mit ihr zu fühlen.

Five Foot Two – der Titel bezieht sich übrigens auf Gagas Körpergröße; wenn es also stimmt, ist Gaga rund 1,57 m groß – ist das Gegenteil einer klassischen Promidoku, und ich bin mir ziemlich sicher, dass kaum jemand mit Gaga tauschen möchte, nachdem er diesen Film gesehen hat. Ihr Leben ist kein Märchen.

Ich jedenfalls mag sie seit dem Film nur noch mehr. Dieses offene Herz! Da sind so viel Schmerz und Scham, aber irgendwie schafft sie es immer wieder aufs Neue, all das in Kunst zu transformieren.

Während mich der ICE jeden Tag an einem anderen Ort ausspuckt, an dem ich meine Sachen auspacke, abends in einer Buchhandlung Menschen vorlese und anschließend alleine im Hotelzimmer sitze und die Minibar nach brauchbaren Snacks durchstöbere, höre ich *Joanne*. Das Album begleitet mich die ganze Lesereise hindurch.

Im Februar 2019 schlage ich mir die Nacht um die Ohren, allerdings nicht, um irgendwo zu *Born This Way* oder zu *LoveGame* zu tanzen, sondern weil ich wissen will, ob Gaga ihren Oscar bekommt. In der Schauspielerinnenkategorie geht Gaga leer aus, aber sie gewinnt einen Oscar für *Shallow*. Natürlich hält sie eine emotionale Rede, und natürlich heule ich mir vorm Monitor meines Macbooks die Augen aus. Gagas Reden sind meist ein zweischneidiges Schwert, es ist oft ein wenig unangenehm, ihr dabei zuzusehen, oft schießt sie übers Ziel hinaus. Ihre Dankesrede bei den Oscars ist jedoch perfekt. Angemessen.

Aber ich mag auch ihre anderen, bisweilen ein wenig wirren Reden. Ich liebe ihre Intensität. Gaga wirkt nie wirklich entspannt, zumindest habe ich sie noch nie so gesehen. Gaga ist immer angeknipst, sieht immer aus, als würde sie jeden Moment anfangen zu weinen oder zu lachen oder als würde sie im nächsten Augenblick explodieren. Und damit kann ich mich wirklich identifizieren.

Ich weiß, dass viele Menschen Gaga übertrieben dramatisch finden. Ich nicht.

Es ist doch so: Wir rasen auf einem winzigen Planeten in einer absurden Geschwindigkeit durchs Weltall. Wir wissen weder, woher wir kommen, noch, wohin wir gehen, durch uns alle wabert und pulsiert das Leben, und wir können jeden Moment sterben. Wir oder unsere Liebsten. Jetzt. Oder jetzt. Oder jetzt. Das alles hier ist wundervoller, schrecklicher Irrsinn. Wer das abstreitet, ist ein Lügner und ein Verräter, und alle, die je als übertrieben dramatisch bezeichnet wurden, sind die wahren Stimmen der Vernunft.

Gaga geht nach der Oscarnacht sofort wieder an die Arbeit, und ich tue es ihr nach. Wenn ich mal einen schlechten Tag habe, lege ich das Vinyl von *Born This Way* auf, das mein Freund mir vor Jahren geschenkt hat. *I'm on the right track baby, I was born to be brave.*

Ich mache mein Ding. Während meiner Lesungen trage ich meinen schwarzen Lieblingsblazer, und wenn ich mal ein bisschen Zeit habe – also sehr, sehr selten –, schlüpfe ich in mein buntes Paillettenkleid und gehe mit Lukas in den Club.

Wieso sollte ich mich für eines von beidem entscheiden müssen?

RAIN ON ME

Das, all das haben Gaga und ich hinter uns, als mein Freund mir im Dezember 2019 eine SMS schickt, die nur aus vier Worten besteht und mich ernsthaft ins Wanken bringt. »Lady Gaga ist tot.«

Das alles haben wir hinter uns, als ich diese SMS lese. So eine Star-Fan-Beziehung ist das.

Noch weiß ich nicht, dass Lady Gaga im Frühjahr 2020 neue Musik herausbringen wird. Noch weiß ich nicht, dass 2020 ganz anders sein wird, als wir alle – vielleicht einmal abgesehen von ein paar hellsichtigen Virologinnen und Virologen – es uns vorstellen. Silvester habe ich mit meinen Freundinnen und Freunden in meiner neuen Wohnung gefeiert. Die Party-Playlist hatte ich noch liebevoller ausgewählt als mein Outfit (schwarzes Top, grüner Paillettenrock), sie enthielt alle meine tanzbarsten Lieblingslieder. Sechs davon waren von Lady Gaga: *Diamond Heart*, *The Edge of Glory*, *Perfect Illusion*, *Poker Face*, *Telephone* und natürlich *Born This Way*.

Gagas brandneues Album *Chromatica* hätte eigentlich im April 2020 erscheinen sollen, kam wegen der Covid-19-Pandemie dann jedoch erst am 29. Mai 2020 raus. Lady Gaga hat als Zweiundzwanzigjährige mit Dance Pop begonnen, aber schon auf ihren nächsten Alben mit anderen Genres experimentiert. Die Einflüsse auf *Born This Way* reichten von Disco und House über Heavy Metal und Rock 'n' Roll bis hin zu Oper. *Artpop* war wieder anders und *Joanne* wirkte wie die endgültige Abkehr von der Maxime »Just Dance!«, die einst über Gagas Debüt schwebte.

Angesichts der Tatsache, dass Gaga ihre Songs selbst schreibt und niemals Spielball der Interessen und Vorlieben irgendwelcher Produzenten ist, war ich gespannt, welchen Weg sie einschlagen würde.

Zuletzt hatte ich ein Interview mit ihr gesehen, das mich bestürzt hat. Im Januar 2020 saß sie mit Oprah Winfrey auf einer Bühne und sprach über ihre fragile geistige Gesundheit. *Psychotic break*, Krankenhausaufenthalt, Medikation. Oprah fragte Gaga, ob sie Angst gehabt hätte, dass jemand von ihrer psychotischen Episode erfahren könnte. »Ich musste einfach darüber sprechen«, sagte Gaga, »ich kann das nicht, so etwas verstecken. Ich bin eine authentische Person, vollkommen unvollkommen. Wie wir alle. Wir alle haben doch unsere Probleme.«

Wie ich sie da so sitzen sah, so traurig, so stark, begriff ich, dass sie nicht einfach nur ein Popstar ist. Sie ist eine Art Lehrerin. Sie lehrt Mut und Mitgefühl.

Gaga trägt Schwarz während dieses Gesprächs

mit Oprah. Ein schwarzes Outfit und eine Brille mit dickem schwarzen Rand. Nur ihre Perücke, die ist pink. Das Schwarz passt zu ihr.

Ich dachte immer: Wenn Gaga eine Farbe ist, dann ist sie das strahlendste Pink. Inzwischen glaube ich, sie ist ein tiefes, viskoses Schwarz. Meine Lieblingsfarbe.

Ehrlich gesagt rechnete ich, nachdem ich dieses Interview gesehen hatte, was den Sound von *Chromatica* betraf, noch am ehesten mit einer rohen, abgeschminkten Gaga. Am wahrscheinlichsten erschien mir das Album einer Singer-Songwriter-Gaga, die uns auf runtergestrippten Liedern vom Leben erzählt. Nur sie, das Piano und ihre Stimme. Aber eigentlich rechnete ich mit so ziemlich allem. Nur eben nicht mit dem, was sie, zwölf Jahre nach *The Fame*, dann tatsächlich tat.

Chromatica ist eine totale Überraschung, denn es markiert die Rückkehr zum Dance Pop, mit dem Gaga begann – aber mit einem Twist.

Der Sound ist fröhlich, funkelnd. *Chromatica* schmeckt nach Zuckerwatte und künstlichem Farbstoff. Aber die Texte zeigen Gagas ganze Zerrissenheit, all ihren Schmerz. Ein fragiles Wesen im strassbesetzten Versace-Kleid. Sie ist traurig, man muss nicht sonderlich empathisch sein, um das sehen zu können in den Interviews, die sie zum Album gibt. Sie ist traurig, nachdenklich. Aber sie hat die schwarze Kleidung aus dem Oprah-Interview abgelegt. Ihre Haare, ihre Kleider, ihr Make-up sind bunt. *Chromatica* ist ein tieftrauriges, überbordend fröhliches Gesamtkunstwerk.

Mich begeistert das. Gaga hätte tun können, was Künstlerinnen normalerweise tun, wenn sie schwierige Zeiten durchleben, wenn sie Verlust, Trauma, Depression erleiden: ein düsteres Album machen, der Welt ihr gebrochenes Herz entgegenhalten.

Gaga tut das Gegenteil. Gaga sieht, dass die ganze Welt ein gebrochenes Herz hat. Und deswegen macht sie uns ein Album, zu dem wir tanzen können, und sei es auch mit Tränen in den Augen.

Liebe und Schmerz, Licht und Schatten. *Tears on the dancefloor.*

Das ist *Chromatica* für mich. Ich liebe viele Songs auf diesem Album, aber mein Lieblingslied ist und bleibt Track Nummer fünf: *Free Woman.*

Gaga hat es schon wieder getan. Sie hat sich neu erfunden. Als gute Fee aller, die ein gebrochenes Herz haben und trotzdem tanzen.

Lady Gaga ist tot, lang lebe Lady Gaga.

Auch Lukas, der bei *Joanne* ausgestiegen war, ist seit *Chromatica* wieder an Bord. Er hat inzwischen eine elaborierte Drag-Persona für sich erfunden. Sein glamouröses Alter Ego ist ein fabelhaftes Wesen mit endlos langen Beinen, einem wie von Michelangelo in Marmor gemeißelten Gesicht, schrägem Humor und makellosem Stil, das mich an meine viel zu kurze Zeit in New York erinnert.

Draußen tobt die Pandemie, ich igele mich daheim ein, um mein allererstes Sachbuch zu schreiben. Es ist ein sehr persönliches Buch, was mir – natürlich – Angst macht, aber ich komme schon klar. *Feel the fear and do it anyway* und so. Während meiner Schreibpausen höre ich auf dem Plattenspieler in meiner Wohnküche Lady Gaga und tanze ein bisschen. Manchmal, wenn mir die Decke auf den Kopf fällt, gehe ich am Rhein spazieren und rufe Lukas an, den ich seit Beginn des Lockdowns nicht getroffen habe.

Die Lockerung der Corona-Auflagen ein paar Monate später ist eine Erleichterung. Endlich kann ich meine Freundinnen und Freunde wiedersehen. Lukas besuche ich im Hochsommer, wenige Tage vor meinem 39. Geburtstag. Als ich die Treppen zu seiner WG hinaufsteige, höre ich die Musik schon von Weitem. Als K-Pop-Fan hört Lukas natürlich gerade *Sour Candy*, Gagas Kollaboration mit der südkoreanischen Girl-

group BLACKPINK. Wir setzen uns auf Lukas'
Bett und reden. Es ist 2020, und da sind wir nun.
Die Clubs haben geschlossen. Wenn wir tanzen,
dann tanzen wir daheim.

Ich träume nicht mehr von Gaga. Magie hat es
generell schwer momentan, es sei denn, man er-
zeugt sie selbst, aber das ist nicht leicht. Auch die
Füchse, die mir früher häufiger gefolgt sind, habe
ich seit Jahren nicht gesehen. Genau genommen:
seit New York. Aber ich schreibe sie in meine Bücher.

Und dann fällt mir plötzlich dieses Outfit auf, das
zwischen lauter anderen Kleidern, die ich schon
mal an seinem Alter Ego gesehen habe, an einem
Kleiderständer hängt. Es ist ein Body, lindgrün
und funkelnd, mit ausladenden Schulterpolstern
und über und über mit Strass bedeckt.

»Das Outfit ist ja der Wahnsinn«, sage ich und
stehe auf, um es genauer in Augenschein zu nehmen. »Wo hast du das her?«

»Oh, gute Frage«, sagt Lukas und fährt sich mit

der Hand durchs Haar. »Das weiß ich gar nicht mehr so genau.«

Er zuckt mit den Schultern und verschwindet in der Küche, um uns noch etwas zu trinken zu holen. Und da finde ich sie. Die pinkfarbene Plastikkugel, die auf seinem Nachttischschränkchen liegt.

Jetzt weiß ich, weshalb Gaga mir nicht mehr im Traum erscheint. Sie hat anderswo zu tun.

Später verabschiede ich mich von Lukas. Beginne, die Treppen ins Erdgeschoss hinunterzusteigen. Es ist sonnig draußen, und als ich an unserem alten Waschsalon vorbeigehe, noch einen Ohrwurm von dem Lady-Gaga-Track, den Lukas zuletzt gespielt hat, im Ohr, sehe ich mein Spiegelbild in der schmutzigen Scheibe. Ich muss lächeln. Das bin ja ich! Wie cool ist das denn?, denke ich. Ich würde niemand anderes sein wollen.

Und genau das ist vielleicht das Wunderbarste überhaupt an Lady Gaga. Andere Popstars machen, dass du so sein willst wie sie. Lady Gaga macht, dass du nur noch eines sein möchtest: du selbst.

OUTRO / THE EDGE OF GLORY

Eine meiner liebsten Performances von Lady Gaga findet in der Radioshow von Howard Stern statt. Es ist 2011, und Gaga singt *The Edge of Glory*, einen Song von *Born This Way*, der auf dem Album herrlich überproduziert ist, der in der reduzierten Pianoversion jedoch seine volle emotionale Wucht entfaltet.

Ich liebe diese Performance nicht nur, weil Gaga so brillant ist – das ist sie immer. Sondern auch, weil sie so glücklich aussieht in diesem Moment. Der Live-Performance geht ein kurzer Austausch mit dem Moderator der Show voran. Gaga erzählt Stern, dass sie *The Edge of Glory* für ihren verstorbenen Großvater geschrieben habe, und wie so oft, wenn Gaga über ihren kreativen Prozess spricht, ergibt das Gesagte nicht so wirklich Sinn, aber man versteht trotzdem irgendwie, was sie meint.

Am Ende sagt sie Folgendes, es klingt wie eine Art Fazit: »So … Live life on the edge, you know, halfway between heaven and hell, and let's all dance in the middle … in purgatory.«

Dann fängt sie an zu singen.

DANKSAGUNG

Danke an den einen, der es geduldig erträgt, wenn ich *Born This Way* in Endlosschleife höre, und der mich trotzdem liebt.

Danke an Lukas für viele gute Nächte, an Man-Laï für New York und an den »Weltempfänger« für den besten Ort zum Kaffeetrinken und Schreiben.

Und tausend Dank, liebe Mona Lang, für diesen paillettenbestickten *walk down memory lane*, den es nicht gäbe ohne dich.

MUSIK
KiWi
BIBLIO
THEK

TINO HANEKAMP über **NICK CAVE**

SOPHIE PASSMANN über **FRANK OCEAN**

ANJA RÜTZEL über **TAKE THAT**

THEES UHLMANN über **DIE TOTEN HOSEN**

KLAUS MODICK über **LEONARD COHEN**

LADY BITCH RAY über **MADONNA**

FRANK GOOSEN über **THE BEATLES**

CHILLY GONZALES über **ENYA**

ANTONIA BAUM über **EMINEM**

MARKUS KAVKA über **DEPECHE MODE**

MELANIE RAABE über **LADY GAGA**

WOLFGANG NIEDECKEN über **BOB DYLAN**

KiWi MUSIKBIBLIOTHEK
WWW.KIWI-VERLAG.DE/MUSIKBIBLIOTHEK

Aus Verantwortung für die Umwelt hat sich der
Verlag Kiepenheuer & Witsch zu einer nachhaltigen
Buchproduktion verpflichtet. Der bewusste Umgang mit
unseren Ressourcen, der Schutz unseres Klimas und der
Natur gehören zu unseren obersten Unternehmenszielen.

Gemeinsam mit unseren Partnern und Lieferanten setzen
wir uns für eine klimaneutrale Buchproduktion ein,
die den Erwerb von Klimazertifikaten zur Kompensation
des CO_2-Ausstoßes einschließt.

Weitere Informationen finden Sie unter
www.klimaneutralerverlag.de

Verlag Kiepenheuer & Witsch, FSC® N001512

Lady Gaga kommt für Melanie Raabe genau zur richtigen Zeit. Eigentlich ein Indiemädchen, lässt sie sich auf den »überdrehten Plastikpop« ein und merkt: Die traut sich was. Melanie Raabe beschließt, das ewige Suchen und Finden im Leben hinter sich zu lassen und sich stattdessen – wie Lady Gaga – zu erfinden. Also los. Lady Gagas Musik hilft ihr dabei, die zu werden, die sie heute ist: eine erfolgreiche Künstlerin. Melanie Raabes Text über Lady Gaga ist ein Aufruf an jede*n, allen Mut zusammenzukratzen, um das zu werden, was man schon immer sein wollte. No more P-P-P-Poker Face!

Melanie Raabe wurde 1981 in Jena geboren. Nach dem Studium arbeitete sie tagsüber als Journalistin und schrieb nachts heimlich Bücher. 2015 erschien »Die Falle«, 2016 folgte »Die Wahrheit«, 2018 dann »Der Schatten« und 2019 »Die Wälder«. Ihre Romane werden in über 20 Ländern veröffentlicht, mehrere Verfilmungen sind in Arbeit. 2020 erschien ihr erstes Sachbuch über Kreativität. Melanie Raabe lebt und arbeitet in Köln.